Smart IoT:

a revolução da internet das coisas
para negócios inovadores

Smart IoT:
a revolução da internet das coisas
para negócios inovadores

André Telles
Armando Kolbe Junior

Rua Clara Vendramin, 58 . Mossunguê . CEP 81200-170
Curitiba . PR . Brasil . Fone: (41) 2106-4170
www.intersaberes.com
editora@intersaberes.com

Conselho editorial	Dr. Alexandre Coutinho Pagliarini
	Dra. Elena Godoy
	Dr. Neri dos Santos
	Dr. Ulf Gregor Baranow
Editora-chefe	Lindsay Azambuja
Gerente editorial	Ariadne Nunes Wenger
Assistente editorial	Daniela Viroli Pereira Pinto
Preparação de originais	Rodapé Revisões
Edição de texto	Letra E Lingua Ltda. – ME
	Caroline Rabelo Gomes
Capa	Débora Gipiela (*design*)
	VectorMachine, Djent, Bowrann e ChekmanDaria/Shutterstock
Projeto gráfico	Stefany Conduta Wrublevski (design)
	Lais Galvão (adaptação)
Diagramação	Querido design
Designer responsável	Iná Trigo
Iconografia	Sandra Lopis da Silveira
	Regina Claudia Cruz Prestes

Dados Internacionais de Catalogação na Publicação (CIP)
(Câmara Brasileira do Livro, SP, Brasil)

Telles, André
 Smart IoT: a revolução da internet das coisas para negócios inovadores/André Telles, Armando Kolbe Junior. Curitiba: InterSaberes, 2022.

 Bibliografia.
 ISBN 978-65-5517-320-8

 1. Big Data 2. Estratégia de marketing 3. Inovações tecnológicas 4. Inteligência artificial 5. Internet das coisas 6. Marketing – Planejamento 7. Negócios 8. Planejamento estratégico I. Kolbe Junior, Armando. II. Título.

21-90210 CDD-004.678

Índices para catálogo sistemático:
1. Negócios: Inovações: Internet das coisas:
Ciência da computação   004.678
Cibele Maria Dias – Bibliotecária – CRB-8/9427

1ª edição, 2022.
Foi feito o depósito legal.

Informamos que é de inteira responsabilidade dos autores a emissão de conceitos.

Nenhuma parte desta publicação poderá ser reproduzida por qualquer meio ou forma sem a prévia autorização da Editora InterSaberes.

A violação dos direitos autorais é crime estabelecido na Lei n. 9.610/1998 e punido pelo art. 184 do Código Penal.

Sumário

Prefácio 9

Apresentação 13

Capítulo 1: O futuro das coisas 17

1.1 Internet das "coisas" e estratégias 20
1.2 Confiança e economia de resultados 29
1.3 Conceituação, aplicações atuais e perspectivas evolutivas 31
1.4 Conectividade 32
1.5 Gerenciamento de dispositivos com uso da internet 35
1.6 Características da IoT e modelo de negócios 36
1.7 Mix de marketing (4P) e novos mercados 55
1.8 *Growth hacking* 58

Capítulo 2: IoT e gestão 63

2.1 Gestão de projetos IoT 66
2.2 Lançamento de negócios IoT, difusão e gestão de estratégias de marketing 69

2.3 Difusão e gestão de marketing 71

2.4 Estatística, análise de dados e *data mining* para negócios 73

2.5 Tomada de decisão executiva em ambientes turbulentos sob incerteza e risco 77

Capítulo 3: Gestão de negócios IoT e valor para o cliente: segurança, qualidade, agilidade e sustentabilidade   81

3.1 Criatividade e inovação 84

3.2 Gestão das equipes multidisciplinares 86

3.3 Gestão da arquitetura IoT: sensores, RFID, NFC, processadores, conexão, nuvem, *big data* 87

3.4 Análise de disponibilidade e interoperabilidade 94

Capítulo 4: Características das redes móveis   97

4.1 Como a internet das coisas afeta a mobilidade 100

4.2 Inteligência artificial (IA) 102

4.3 Transmissão da informação 104

4.4 Informação e imaginação 104

4.5 Expansão da informação 106

4.6 Armazenamento da informação 107

Capítulo 5: *Smart*: um planeta mais inteligente

5.1 *Smart cities*: mobilidade, serviços públicos
e infraestruturas IoT urbanas 114

5.2 *Smart home*: privacidade, economia, sustentabilidade
e valor para o cliente 119

5.3 *Smart health*: inteligência artificial e controle e
monitoramento de pacientes em tempo real 121

5.4 Onde está o *smart*
no campo energético? 124

5.5 *Smart factory*: processamentos central e distribuído,
agilidade, qualidade e produtividade 133

5.6 *Smart retail*: O2O e novos comportamentos de compra
dos consumidores 135

5.7 *Smart building*.. 138

5.8 Novos "modais" urbanos 140

5.9 É o fim da era das megaconstruções?... 145

5.10 Como a internet das coisas afeta a energia 147

5.11 Revolução das distribuidoras... 149

5.12 Da pequena para a grande escala 152

5.13 Indústria 4.0: integração de máquinas e linhas
e células e processos flexíveis e avançados 156

5.14 Mobility 4.0: gestão de inovações de tecnologias
embarcadas, veículos e vias inteligentes 160

5.15 Servitização: sistema produto-serviço (PSS) e operação
e manutenção otimizadas 164

5.16 Logística 4.0: sistemas inteligentes de transportes logísticos
e integração otimizada de cadeias 167

Capítulo 6: Segurança e IoT — 173

6.1 Segurança, qualidade, agilidade, sustentabilidade 175

6.2 *Blockchain* e tecnologias IoT 179

6.3 IoT e criptomoedas 182

6.4 Gestão do projeto IoT: experimentação, confiabilidade e segurança 190

6.5 Controle, segurança e privacidade nas transações de dados e produtos 194

6.6 Era da imaginação: formação de pessoas 203

6.7 O que o futuro da IoT nos reserva? 216

Considerações finais 221

Referências 223

Sobre os autores 235

Prefácio

As mudanças e as transformações digitais estão cada vez mais rápidas e velozes, isso é inegável e facilmente perceptível.

Estamos vivendo e passando por várias evoluções tecnológicas, as quais são muitas e as mais diferentes, e não raro nem percebemos que estão em nosso dia a dia e que as estamos consumindo naturalmente.

São processos de evolução tecnológica tão rápidos e impactantes que transformam a forma de fazer negócios e, principalmente, de pensar o negócio em si. Dizem que é uma revolução, mas é uma evolução.

Se, há uns 10 anos, alguém afirmasse que aparelhos de GPS não teriam mais importância ou que, para escolher um hotel, teríamos diferentes formas para fazê-lo, e que a de menor importância seria o próprio site do hotel ou uma agência de turismo, seria muito difícil de acreditarmos. E que poderíamos pedir algo, comida ou qualquer outra coisa pelo celular e que isso chegaria em pouco tempo, também não imaginaríamos como factível. Esses são pequenos exemplos de outros inúmeros que podem ser mencionados e apresentados em que a evolução tecnológica tem agido de maneira transformadora.

O livro *Smart IoT*, desenvolvido por André Ricardo da Nova Telles e Armando Kolbe Junior, não é uma obra só de tecnologias, mas uma agradável e deliciosa leitura sobre e como a internet das coisas (IoT) está contribuindo com essa evolução tecnológica. Por meio de seus capítulos, os autores nos levam a conhecer essas novas realidades de modo bastante simples e lúdico.

A IoT não é uma nova tecnologia, como bem descrevem os autores, mas um conjunto de tecnologias e novos processos que nos fazem pensar de maneira diferentemente de como até então. Os autores nos empurram para abrir a mente e enxergar uma nova forma para entender e atuar no mercado, que tem se tornado tão competitivo.

A pluralidade de tecnologias que envolvem a IoT e que se tornaram possíveis de ser usadas e combinadas fez surgir um movimento de revolução digital em contínuo crescimento na sociedade brasileira e mundial.

Em 2016, quando houve a reunião mundial do World Economic Forum, os participantes se surpreenderam com o tema: "A Quarta Revolução Industrial", tendo em vista a situação mundial, em que o terrorismo e a economia da China eram temas que poderiam ser mais relevantes. Todavia, essa situação acabou sendo uma nova forma de entender como as novas tecnologias teriam impacto além das barreiras existentes nas empresas e na sociedade de modo geral.

Por isso, esta obra contribui para que tenhamos a visão aberta e multidisciplinar que a IoT nos apresenta para os diversos segmentos do mercado, demonstrando que o Brasil não é diferente das demais economias mundiais.

Como acontece nas economias desenvolvidas, como Alemanha, Estados Unidos, Inglaterra, França, Japão e Coreia do Sul, o tema IoT está presente em universidades, governos e nas agendas de muitas empresas, não só para estudos, mas também para traçar novas políticas públicas e regulamentações decorrentes dos novos cenários e situações que não estavam previstas.

No Brasil não é diferente. Desde 2019 temos um Plano Nacional de internet das coisas desenvolvido pelo Ministério da Ciência, Tecnologia e Inovação (MCTI), que definiu quatro setores econômicos com maior importância e foco para o mercado brasileiro: (1) agronegócio; (2) manufatura; (3) saúde e (4) cidades inteligentes. Esses setores econômicos estão abordados neste livro, mostrando como os negócios estão sendo afetados pela transformação digital e serão ainda mais.

Toda essa transformação gerou novos processos nas empresas, novas regras e novas leis, que vieram para acomodar e contribuir com o novo cenário. Por exemplo, a Lei Geral de Proteção de Dados Pessoais (LGPD), que foi criada para acompanhar esse avanço tecnológico, assim como leis que beneficiam projetos de IoT. A lei para ajustar o uso da inteligência artificial (IA) é outra norma que apareceu graças a essa nova realidade.

Podemos afirmar que a IoT é o coração da digitalização e que, obviamente, toda transformação digital tem muito a ver com ela e com a combinação das diversas tecnologias, sejam novas, sejam velhas, como IA, *big data*, análise de dados, *blockchain*, *cloud* e tantas outras. Não podemos deixar de falar que novas funções aparecerão, assim como outras sumirão, como sempre ocorreu na evolução dos negócios.

Na Associação Brasileira da Internet das Coisas (ABINC), sociedade sem fins lucrativos, tem por missão fomentar e promover os diferentes interesses e necessidades destinados ao negócio de IoT. Isso é possível por meio dos diversos comitês de trabalho, definidos pelos segmentos de mercado, como agronegócio, cidades inteligentes, auto e mobilidade, manufatura, saúde, *utilities* além dos comitês de suporte e apoio, como educação, redes, segurança e jurídico. Tudo isso para levar e apresentar ao mercado recomendações e soluções.

Em meio a esse cenário de grandes mudanças, de total transformação digital e de modo disruptivo é que este livro nos leva a refletir sobre o hoje e o amanhã, sem alardes fantasiosos, mas de maneira simples e agradável.

Boa leitura!

Paulo José Spaccaquerche é também conhecido no mercado como *Paulo Spacca*.

Tem treinamento multidisciplinar em Engenharia e Administração, extensão curricular em Harvard em Boston, nos Estados Unidos. Tem mais de 40 anos de experiência profissional trabalhando em estreita colaboração com empresas líderes em tecnologia, como IBM e SAP, além de bancos e empresas de varejo.

É responsável pela implantação no Brasil de empresas americanas como Sybase, Netscape, Peoplesoft e Quest, entre outras.

Tem excelente relacionamento com os principais executivos de empresas nacionais e multinacionais, principalmente nos segmentos de finanças, serviços públicos, mídia e governo. Foi também professor na IBM para os cursos de vendas. Atualmente, é o Presidente da Associação Brasileira de Internet das Coisas (ABINC).

Paulo José Spaccaquerche

Multidisciplinary training in Engineering and Administration. Curriculum extension at Harvard in Boston / USA.

More than 40 years of professional experience working closely with leading technology companies such as IBM and SAP, as well as banks and retail companies.

Responsible for the implementation in Brazil of American companies such as Sybase, Netscape, Peoplesoft, Quest and others.

Excellent relationship with the main executives of national and multinational companies, mainly in the finance, public services, media, and government sectors.

He was also a professor at IBM for the sales courses.

He is currently the President of Associação Brasileira de Internet das Coisas (ABINC).

Apresentação

Quando pensamos sobre internet das coisas (IoT), podem vir à mente alguns dispositivos, tais como termostatos e automóveis conectados à rede mundial. Entretanto, se tratarmos da IoT em um contexto de negócios, constataremos que a tecnologia pode revolucionar a maneira pela qual diversos produtos e serviços entregam valor para seus clientes.

No decorrer deste livro, apresentaremos o ecossistema da Smart IoT e algumas maneiras de como estruturar negócios inovadores que se utilizam da tecnologia da internet das coisas. Abordaremos também algumas formas de modelar negócios inovadores que fazem uso da IoT, bem como insumos técnicos sobre a tecnologia.

Esta obra, portanto, destina-se a estudantes, profissionais e interessados em tecnologias emergentes e modelos de negócios que envolvam IoT.

Nesse sentido, evidenciaremos que a IoT não se refere somente a dispositivos e dados. Podemos pensar nela de forma mais ampla, como uma solução, mas, para isso, é primordial delinear uma estratégia antes de início da arquitetura de sua solução.

Esse posicionamento, diante da gestão estratégica de novos negócios, poderá também demonstrar a relevância em respostas rápidas e mais apropriadas das organizações às mudanças que ocorrem constantemente nas condições ambientais. Vamos também discutir alguns aspectos relacionados à gestão. A IoT pode controlar estratégias, contempladas pelas variáveis que uma organização em diferentes combinações na criação de valor para seus clientes.

A importância de as organizações aprenderem com seus dados, transformando-os em informações, será elemento inerente às nossas discussões. O uso de ferramentas de estatística tem sido solução eficiente, pois elas fazem o tratamento e o planejamento da coleta de dados. A apresentação de resultados ocorre após o gerenciamento dos dados até o final do processo, extraindo conclusões de fatos numéricos, ou seja, os dados. Nesse contexto, discutiremos o processo de mineração de dados, o *data mining*, cujo objetivo maior é descobrir, de maneira automatizada, padrões significativos, razão pela qual é ferramenta de apoio na tomada de decisões do âmbito organizacional.

A tomada de decisão em ambientes considerados turbulentos, cobertos de incertezas e riscos, vai nortear nossos estudos. Com base nesse cenário, observaremos que as organizações têm como um dos grandes desafios desenvolver análises sistemáticas, com vistas a ampliar a compreensão que ocorre na incerteza inserida no desempenho organizacional, notoriamente quando elas estão em busca de melhores soluções em gerenciar e aprender com as situações de crise. No decorrer deste livro, portanto, vamos entender a internet das coisas e a estrutura dos negócios relacionados a essa tecnologia. Se, atualmente, já existem muitas coisas que eram inimagináveis há alguns anos, devemos pensar naquilo que o futuro das coisas nos reserva!

Capítulo 1

O futuro das coisas

Conteúdos do capítulo:

- Internet das coisas (IoT) e estratégias.
- IoT e novos mercados.
- Papel do marketing e modelos de negócios para a IoT.

Após o estudo deste capítulo, você será capaz de:

1. entender como funciona o alinhamento estratégico na IoT;
2. reconhecer o que a IoT pode proporcionar em termos de novos mercados;
3. utilizar modelos de negócios com a internet das coisas.

De acordo com Telles (2018a), devemos "encontrar maneiras mais inteligentes de usar recursos... ou 'coisas'. Na sociedade moderna, as necessidades em geral permanecem as mesmas de antes. Entretanto, nossa tecnologia, ciência e pesquisas tornam todos os nossos objetos, equipamentos e aparelhos cada dia mais 'inteligentes'". O autor, complementa, fazendo um questionamento: "O que isso quer dizer, afinal?". Antes de conceituar IoT, ele faz uso do exemplo de um ferro de passar roupa que:

> possui exatamente a mesma função desde muito tempo.
>
> Mesmo que a patente do ferro de passar elétrico tenha sido registrada apenas no ano de 1882, há registros do uso de objetos similares para alisar roupas que remontam ao século IV, na China.
>
> Em outras palavras: o ferro de passar em si não é novidade alguma. É apenas mais uma das "coisas" que utilizamos em nosso cotidiano, cuja função prioritária já é definida e não tem sido alterada por anos, décadas ou séculos.
>
> Contudo, o ferro de passar possui alguns problemas. Uma vez aquecido, mesmo depois de usado, demora a dissipar o calor. Pessoas desavisadas ou mesmo crianças podem se queimar. Outra situação é que alguns acidentes sérios e mesmo incêndios já começaram por causa de ferros de passar, especialmente os elétricos.
>
> Finalmente, quando estamos distraídos, não raramente deixamos o ferro por sobre as roupas demasiado tempo, estragando nossas peças de vestuário de modo irrecuperável. (Telles, 2018a)

Com base nesse exemplo e nessas colocações, Telles (2018a) faz mais uma provocação: "Mas, e se o ferro de passar o 'avisasse' de tudo isso?".

O autor responde com a afirmação de que ele poderia ser *"smart"* e complementa:

> Quanto nos referimos a objetos inteligentes, é exatamente isso que queremos dizer. A visão da maioria em relação a toda uma série de novos objetos e apetrechos inteligentes e conectados é simplesmente a possibilidade de "ligar" essas coisas ao celular

capítulo 1

> *ou computador. Entretanto, o conceito de 'smart' aqui se refere ao uso, como era de se esperar.*
>
> *Um ferro de passar roupas que evita acidentes é, sem dúvida, "smart". Contudo, não precisa ser necessariamente algo conectado ou acompanhar um bonito e complexo aplicativo mobile para tanto. Em termos simples – se ele apitar quando deve, já é um aparelho mais inteligente do que os ferros que vínhamos usando há séculos.* (Telles, 2018a)

As novas tecnologias nos aproximam gradativamente de um mundo mais *smart*, inclusive impulsionado pelos novos ciclos econômicos, embora diante de um futuro incerto. Nesse contexto, em termos de estratégia, devemos entender a evolução do IOT até o cenário atual e ficar atentos a qual será o impacto da IoT no Brasil sobretudo nos setores estratégicos, como veremos na continuidade.

1.1 Internet das "coisas" e estratégias

Vimos sucintamente o conceito de *smart object*, razão pela qual podemos agora iniciar algumas discussões a respeito dessa nova fronteira da tecnologia. Existe uma grande probabilidade de você já ter ouvido falar – inúmeras vezes aliás – a respeito da dita "*internet of things* (IoT)", ou "internet das coisas".

Cabral (2019) alerta que, diante da popularização recente da internet das coisas, esse conceito não é tão conhecido quanto se preconiza. Como veremos mais à frente, a noção de "internet das coisas" foi oficialmente utilizada em setembro de 1999, embora antes dessa data já houvesse trabalhos na área.

> *O primeiro trabalho realizado é de 1982, da Carnegie Mellon University. O projeto foi de um grupo de programadores e o que eles fizeram foi bem simples: conectaram uma máquina de refrigerante na internet e, com isso, ela era capaz de expor o seu*

inventário e se as bebidas estavam geladas ou não. Nessa época, a internet era uma das únicas tecnologias disponíveis para fazer comunicação entre dispositivos. Hoje, há uma quantidade muito maior de tecnologias disponíveis para integrar a IoT (Internet of Things). Entre eles, temos: códigos de barras, códigos QR, comunicação de rede sem fio, sistemas microeletromecânicos (MEMS), sistemas embarcados, automação (incluindo a automação de prédios e residências), redes de sensores sem fio, GPS, sistemas de controles e outros. Com essa convergência de tantas tecnologias, a IoT possibilitou diversas aplicações e abriu muitos caminhos. (Cabral, 2019)

No ano de 1990, John Romkey apresentou o que foi considerado o primeiro dispositivo IoT: uma torradeira conectada à internet. Por sua vez, em 1993, foi criada pela Universidade de Cambridge uma cafeteira que capturava imagens e enviava para um aplicativo que atualizava o usuário sobre o volume de café que havia na jarra. Em 1994, foi concebida, por Steve Mann, a WearCam, uma câmera conectável à internet. Essa câmera transmitia via internet as imagens que foram capturadas para o computador.

Até 1998, era praticamente impossível idealizar redes amplas de IoT, porque o protocolo IPV4 não fornecia endereços suficientes. Surgiria, então, o IPV6.

É atribuída a Kevin Ashton a origem do nome *internet das coisas* (IoT). De acordo com Balaguer (2014), esse termo foi o nome de uma apresentação feita por Kevin Ashton no ano de 1999, em setembro, na empresa Procter & Gamble (P&G).

Em entrevista realizada pela Financiadora de Estudos e Projetos (Finep), Kevin Ashton explica que o termo surgiu em uma:

> *apresentação para executivos da Procter & Gamble em 1999, quando [ele] falava da ideia de se etiquetar eletronicamente os produtos da empresa, para facilitar a logística da cadeia de produção, através de identificadores de radiofrequência (RFID, em inglês), na época um assunto novíssimo e "quente". A expressão 'Internet das Coisas' pode nem ser tão brilhante, mas deu um bom título à apresentação, e logo se popularizou. Na verdade, a combinação de palavras foi como o resultado de um insight importante, de algo que ainda é mal compreendido.* (Brasil, 2015)

capítulo 1

Nessa entrevista, Ashton afirma que o fato de ele ter sido provavelmente a primeira pessoa a usar o termo *internet das coisas* não lhe dava o "direito de controle sobre como os outros usam a frase, obviamente" (Brasil, 2015) e complementa:

> Mas o que eu quis dizer à época, e ainda considero isso válido, se baseia na ideia de que estamos presenciando o momento em que duas redes distintas – a rede de comunicações humana (exemplificada na internet) e o mundo real das coisas –precisam se encontrar. Um ponto de encontro onde não mais apenas "usaremos um computador", mas onde o "computador se use" independentemente, de modo a tornar a vida mais eficiente. (Brasil, 2015)

Ainda de acordo com Kevin Ashton, esses objetos, essas "coisas", "estarão conectados entre si e em rede, de modo inteligente, e passarão a 'sentir' o mundo ao redor e a interagir" (Brasil, 2015).

No ano de 2000, foi anunciado pela LG a primeira geladeira IoT que acessava a internet, a Internet Digital DIOS. Entretanto, as vendas não foram boas, pois o valor cobrado era muito alto. O Walmart, em 2004, exigia que seus fornecedores utilizassem etiquetas RFID nas caixas para substituir os códigos de barras. No ano de 2008, ocorreu um *boom* dos dispositivos conectados. Os dispositivos habilitados para IoT já ultrapassavam o número da população humana. A Google, por sua vez, começou a testar seus carros autônomos em 2009. O primeiro carro a fazer um passeio autônomo foi o Toyota Prius, que dispunha de um dispositivo utilizado para detectar pessoas e objetos. A China escolheu a IoT como um setor chave em 2010, quando já prospectavam, para 2020, ganhar em torno de US$ 180 bilhões. No ano de 2013, a Google, então, anunciou os óculos inteligentes, cuja tela podia exibir informações por reconhecimento de voz. Em 2014, a Samsung adquiriu a SmartThing, uma *startup* de automação residencial. Em 2015, a Barbie com módulo Wi-Fi foi lançada pela Mattel, além de uma casa de brinquedos com detalhes interativos, como lâmpadas acionadas por voz. Empresas como Microsoft, Google e Amazon, já em 2017, ofereciam serviços estendidos de IoT.

De acordo com Gogoni (2018), como conceito, *internet das coisas* é uma *enorme rede de dispositivos conectados, mas não limitada aos suspeitos habituais. Seu computador, smartphone, tablet ou set-top box, entre outros, são gadgets que dependem da internet para funcionar apropriadamente, assim como equipamentos de grande porte como servidores de grandes empresas.*

Esse conceito, o de IoT é relacionado com o chamado *ABC (analytics + big data + cloud computing)* das tecnologias da informação e comunicação (TIC) e, quando nos damos conta de nosso envolvimento, descobrimos que "as tecnologias mais profundas são aquelas que desaparecem. Eles se tecem no tecido do cotidiano vida até que sejam indistinguíveis dela" – esta frase foi cunhada por Mark Weiser em seu artigo publicado na *Scientific American* em 1991 (Weiser, 1991, p. 1, tradução nossa).

Ampliando as discussões sobre IoT, Telles (2018a) retoma o exemplo do ferro de passar, argumentando que a colocação de "um simples apito seria suficiente para tornar o aparelho mais inteligente que seus antecessores". Entretanto, enfatiza a mudança de nossa esfera de comunicação. Complementa suas argumentações dizendo que "alertas sonoros são algo que soa até mesmo 'retrô' em alguns contextos" (Telles, 2018a). Nessa era, temos à nossa disposição tecnologias acessíveis e muito mais baratas, entre cujas características "transferem alertas, avisos, notificações e comunicações para nosso bolso: o celular" (Telles, 2018a). De acordo com o autor, com esse aparelho,

> *estamos sempre conectados à internet e por meio dela é que hoje recebemos a maior parte da informação que precisamos para conduzir nossas vidas. Sob essa realidade, o apito "smart" do ferro de passar transforma-se em uma notificação de celular, um comando de vibração ou mesmo um toque personalizado.*
> (Telles, 2018a)

Ainda de acordo com Telles (2018a):

> *esse exemplo é suficiente para compreendermos o porquê da Internet das Coisas estar, hoje, em todas as manchetes de*

noticiários. Contudo, esse conceito vai muito além do que podemos imaginar. Aparelhos domésticos que dão avisos relativos ao seu uso e funcionamento são apenas a ponta do iceberg.

No decorrer deste livro, analisaremos a evolução do conceito e da aplicabilidade da internet das coisas nos negócios e suas consequentes melhores práticas e estratégias.

1.1.1 Alinhamento estratégico dos negócios

Inúmeras possibilidades são ofertadas pela IoT, principalmente em projetos com base na interconectividade entre humanos e produtos. Há novas oportunidades no desenvolvimento de interações e experiências individualizadas com base nos dados coletados sobre os usuários (Magrani, 2018). As mudanças no dia a dia das pessoas são apoiadas pela inteligência desses produtos, que habilitam decisões que não sejam aparentes, naturais ou habituais ou proporcionam recursos mais precisos de acordo com o contexto e o momento de seu uso.

A possibilidade de coletar dados em tempo real permite um *feedback* imediato ao usuário, proporcionando suporte à criação com base no conhecimento. Podemos entender a IoT como um estágio de transformação dos negócios conduzido pela TI, tendendo a alterar fundamentalmente as organizações e sua concorrência, razão pela qual deve ser considerada também no contexto das estratégias de negócios.

Já destacamos que a IoT é abrangente no que se refere às interconexões entre objetos inteligentes, pois têm a capacidade de detectar, interagir e se comunicar com seu ambiente. Os dados que são gravados por objetos considerados inteligentes quanto ao seu uso e desempenho, além de obter informações sobre a maneira pela qual um equipamento foi utilizado durante sua vida útil, levando até a ações de manutenção preventiva a fim de evitar falhas. É possível, então, dar suporte a um modelo de negócios com base em serviços nas diversas possibilidades de aplicação da IoT. Entre esses modelos de negócios, podemos citar a capacidade de melhorar a eficiência energética em edifícios com a obtenção e a análise dos dados de um produto, visando à redução dos riscos de reutilização e de remanufatura e fornecendo estimativas de sua vida útil, além de avaliar, inclusive, a qualidade dos componentes utilizados.

Diante dessa gama de possibilidades, diversas organizações têm demonstrado a intenção de alinhar a IoT às suas estratégias de negócio, fazendo uso da geração de novas soluções ao explorar esse novo mercado, vislumbrando o potencial da IoT em ampliar sua eficiência operacional, além de atender seus clientes com novas ofertas.

Há grandes expectativas em relação às possibilidades comerciais e estimam-se mais de 20 bilhões de dispositivos IoT até 2023 (Ericsson, 2019). Esses números fazem que diversas organizações do mundo todo passem a disputar posições para entrar nesse negócio promissor.

Diante desse contexto, é recomendável iniciar o planejamento da utilização da IoT com os negócios mediante o desenvolvimento de uma estratégia que demonstre claramente como ocorrerá esse processo, considerando sua viabilidade técnica e econômica e uma rápida escalabilidade, com foco na segurança e na análise. Outro fator importante é a entrada nesse mercado, sendo necessária a busca do equilíbrio dos canais de vendas diretas e indiretas, com novos mecanismos de entrega e modelos de tarifação. Portanto, a escolha de parceiros deve estar definida claramente, alavancando padrões voltados à inovação e à colaboração.

Com base nesse contexto, verificamos que uma estratégia de IoT, desde que bem definida e gerenciada, pode vir a garantir que os recursos e as capacidades dessas tecnologias estejam devidamente alinhados aos resultados desejados dos negócios, combinando os investimentos que foram empregados com o plano de desenvolvimento e o crescimento que a organização pretende ter.

1.1.2 Posicionamento e gestão estratégica de novos negócios

Desde o nascimento, desenvolvemos e implementamos naturalmente diversas estratégias. Somos capazes de analisar e reagir aos movimentos estratégicos de outras pessoas. Enfim, experimentamos estratégias todos os dias. Em diversos momentos, trataremos delas, pois, se pensarmos na IoT como uma solução, constataremos quão realmente importante é ter uma estratégia no início da arquitetura de alguma solução.

Devemos envolver na estratégia, preferencialmente, todos os aspectos de uma solução e, além disso, desenvolvê-la de maneira holística, tentando cobrir todas as necessidades. Apesar das inúmeras definições que possamos encontrar sobre IoT, devemos ter em mente que não é algo que possa ser desenvolvido sem que se defina uma consistente estratégia de como aplicá-la na solução a um problema específico de determinado público.

Qualquer solução que faça uso da IoT deverá abranger bem mais do que unicamente a coleta de dados por um dispositivo. Devemos levar em conta qual vai ser o uso desses dados. Soluções em IoT devem contemplar a correta coleta de dados, sua análise, bem como seu armazenamento, além da aplicação de técnicas de *machine learning* a esses dados. Com base nisso, como parte da estratégia, é preciso executar programas de *business intelligence* (BI) na análise dos dados, preferencialmente em tempo real, para fornecer informações significativas para a tomada de decisões, o que proporcionará subsídios necessários à inteligência de negócios.

1.1.3 Estratégia na natureza

O uso de estratégia não é um atributo exclusivo dos humanos. Encontramos estratégia na natureza, que leva em conta as inúmeras características dos indivíduos e das populações para conseguir atuar lidando com o objetivo de sobrevivência. Nesse caso, se considerarmos estratégias de sobrevivência, verificaremos que estas surgem e evoluem continuamente.

De acordo com Gurevitch, Scheiner e Fox (2009), uma das maneiras de ilustrar essa dinâmica é fazendo uso da teoria da seleção natural. Quando ocorrem mudanças no ambiente e nos seus recursos, ocorre a adaptação dos organismos, de maneira rápida, às novas condições, contexto no qual um objetivo básico deve ser mantido: a garantia da viabilidade máxima possível da espécie. Esses desafios serão enfrentados pelos indivíduos e pelas populações por meio de uma troca estratégica entre quantidade e qualidade da raça. Esse fenômeno é tratado como a teoria da seleção (Gurevitch; Scheiner; Fox, 2009).

De modo geral, todas as estratégias nos sistemas naturais parecem surgir espontaneamente da interação que ocorre entre o ambiente e os organismos no decorrer do tempo. A capacidade de responder a essas mudanças ou a capacidade de adaptação serão determinantes para que um indivíduo e/ou população tenham sucesso em lidar com as mudanças ambientais, existindo um vínculo entre a estratégia e a necessidade de se adaptar com êxito às novas condições ambientais.

Esse cenário não é diferente para as pessoas e suas organizações, uma vez que estas também utilizam estratégia na busca pela própria sobrevivência. As condições que nos levam ao sucesso dependem, muitas vezes, de como respondemos às mudanças no ambiente em que estamos inseridos. Os traços de nossa personalidade e o equilíbrio entre as oportunidades e as ameaças do ambiente externo serão determinantes nesse processo de mudanças.

Martins, Guindani (2013), afirmam que as estratégias, quando em contexto organizacional, são formuladas para direcionar e concentrar esforços na criação de valor com vistas ao lucro e na orientação da organização para o futuro. Nesse contexto, o meio ambiente equivaleria ao mercado onde existe a concorrência, cujos recursos são limitados. Trata-se, então, de um ambiente em constante mudança, o qual pode ser mais ou menos estável. A estratégia torna-se um processo sistêmico e racional, que, por sua vez, deve ser devidamente gerenciado para atingir com êxito os objetivos organizacionais.

capítulo 1

Mas, afinal, qual é a definição de estratégia?

Não existe uma definição que seja aceita universalmente, ainda que o termo *estratégia* seja empregado em inúmeros setores e situações. Buscamos, em diferentes contextos, algumas definições de estratégia (Michaelis, 2016):

1. *Arte de planejar e coordenar as operações das forças militares, políticas, econômicas e morais envolvidas na condução de uma guerra ou na preparação da defesa de um Estado ou comunidade de nações.*
2. *Arte de utilizar planejadamente os recursos de que se dispõe ou de explorar de maneira vantajosa a situação ou as condições favoráveis de que porventura se desfrute, de modo a atingir determinados objetivos.*

Etimologicamente, de acordo com Martins e Guindani (2013, p. 17), a palavra *estratégia* "vem do francês antigo *strategyie*, derivando do grego antigo *stratēgia*, cujo significado é gabinete de general ou comando. A estratégia acaba tendo, de fato, um verdadeiro vínculo histórico com a deliberação, as ações hábeis, a liderança e a guerra".

Em sua obra *A arte da guerra*, que veio a lume provavelmente no século VI a.C., o estrategista militar chinês Sun Tzu (2000) escreveu o tratado militar composto de 13 aspectos básicos da guerra, tendo se tornado referência da estratégia militar na Ásia e do pensamento dos militares orientais, ampliando sua influência para as organizações. Em sua obra, Tzu (2000) ressalta a importância do posicionamento estratégico e defende que essa posição é afetada pelas condições objetivas no ambiente físico e pelas opiniões subjetivas dos atores competitivos desse ambiente. Ele considera a estratégia não como um plano de ação detalhado, mas como uma resposta rápida e apropriada às mudanças das condições ambientais. Além disso, sugere que o planejamento será mais eficaz unicamente em ambientes estáveis, pois ocorrerão conflitos inesperados se for seguido um plano em um ambiente com mudanças constantes. A estratégia, quando vista como manobra, um plano ou qualquer outra ação, poderá estar relacionada às seguintes **origens**:

- formuladas (estratagema, manobra);
- modeladas (padrão, modelo).

Quando a relacionamos a suas **características**, a estratégia pode ser:

- realizada (a partir de um padrão ou um modelo);
- pretendida (por meio de um plano).

De acordo com Martins e Guindani (2013), no mundo dos negócios, as estratégias não são especificamente formuladas ou modeladas nem exclusivamente realizadas ou pretendidas. Geralmente, as estratégias são uma combinação de decisão e de impulsividade com base em ideias e ações atuais (Martins; Guindani, 2013).

Assim, as organizações não praticam estratégias apenas com base na criação de outras novas. Fazem-no, inclusive, no aperfeiçoamento das estratégias que já existem, com base em fatos, no instinto e na sabedoria de seus gestores. As estratégias são uma intrincada mistura de propósito e instinto que emerge da experiência e, ao mesmo tempo, das expectativas futuras.

1.2 Confiança e economia de resultados

Quais são os resultados que a IoT traz para os negócios? Nos últimos anos, "um conceito frequentemente abordado quando falamos sobre monetização da IoT é o da 'Economia de Resultados'" (Thomas, 2017). Esse conceito representa na dinâmica de mercado uma grande mudança, em que:

> ao invés de concorrerem pela venda de recursos e benefícios de produtos e serviços, as empresas passam a concorrer pela venda de resultados mensuráveis relevantes ao cliente. Isso porque, mais do que produtos e serviços, os compradores querem comprar e

investir em resultados; e os vendedores, por outro lado, não querem apenas vender uma promessa de resultado, mas sim oferecer soluções mais rentáveis que gerem recompensas por resultados quantificados. (Thomas, 2017)

Recentemente, diversas empresas de produtos voltam-se para a venda de recursos, qualidade ou custo. Na economia de resultados, as empresas podem concorrer pela capacidade de demonstrar valor quantificável que seja importante para seus clientes, percebendo, assim, remuneração com base no retorno financeiro sobre o investimento.

De acordo com Thomas (2017), dentro da função da economia de resultados na IoT, determinado fornecedor que atue no mercado, com base em modelo de negócios, e busque atingir um objetivo financeiro deve ter a certeza de que:

- *Possua ótima visibilidade sobre os casos de uso dos produtos e serviços em questão;*
- *Possa quantificar os resultados em tempo real;*
- *Seja capaz de realizar os ajustes necessários para garantir que os objetivos sejam atingidos.* (Thomas, 2017)

Com base em sistemas avançados de IoT, os sensores, quando conectados, permitirão que o mundo físico seja quantificado e avaliado de maneira precisa. Ao utilizarmos análises sofisticadas de dados, os sistemas poderão ser ajustados em tempo real, a fim de garantir que os resultados desejados sejam almejados. Assim se permite, então, a transição da venda de um produto, realizada como única compra, para a oferta de um produto com serviços agregados e alinhados aos objetivos do negócio.

As organizações que pretendem se aproveitar do potencial inovador da IoT necessitarão compreender rapidamente qual é o impacto de tudo isso para seu mercado, aprendendo a migrar para um modelo de negócios com base em resultados e, assim, definir ou mesmo redefinir a estratégia de negócios (Thomas, 2017).

Na sequência, veremos como esse potencial inovador pode ser um dos fatores para a ampliação de novos mercados.

1.3 Conceituação, aplicações atuais e perspectivas evolutivas

Há a possibilidade de sofisticarmos e complicarmos eventos de maneira desnecessária. Para Telles (2018a), a internet das coisas é

> *algo, acredite, bastante simples. Uma definição viável diria que se trata do conceito de conectar praticamente todo e qualquer objeto ou processo à internet. Ao universo de dispositivos inteligentes ligados à internet que usam conexões para 'falar' entre si dá-se o nome de Internet das Coisas.*

Os celulares, *desktops* e *laptops*, mas também objetos como ferro de passar roupas, máquinas de lavar, geladeiras, lâmpadas e até mesmo peças de vestuário, podem ser incluídos entre os mencionados objetos, de acordo com o autor. Telles (2018a) afirma que "vale lembrar que um *smartphone* precisa ser visto como um dispositivo capaz não só de ser um canal de distribuição e recepção de informação, mas também como um sensor inteligente ligado em rede".

Se ampliarmos essa escala, não estaremos mais falando apenas de objetos propriamente, mas também de sistemas e processos. Alguns exemplos apontados por Telles (2018a) são:

> *plataformas de exploração de petróleo com sondas completamente conectadas e sempre em comunicação com a internet, estradas que passam dados a respeito de circulação de veículos automaticamente e em tempo real, sistemas de acompanhamento de temperatura em escala territorial capazes de prevenir incêndios. Os exemplos nunca terminam.*

Para ter uma ideia de escala, especialistas esperam que a internet das coisas congregue, de acordo com Telles (2018a), até 2020, uma escala mundial de 30 bilhões de objetos e sistemas conectados – e isso exclui computadores ou celulares.

Em sua obra *O futuro é Smart: como as novas tecnologias estão redesenhando os negócios e o mundo em que vivemos*, Telles (2018b) afirma que esse mercado, desconhecido há alguns anos, passou a movimentar a economia mundial na casa dos trilhões. O autor complementa afirmando que a internet das coisas já é um conceito, de maneira geral, amplamente compreendido, que vai além dos aparelhos propagados nas mídias sociais por meio de vídeos.

Esse cenário, com a utilização de nossos objetos pessoais, acaba extrapolando e influenciando nossas vidas e a nova economia, pois, apesar de ser um conceito simples, que engloba o uso de recursos e sistemas, ocorre não somente em escala individual, mas também em sociedade.

1.4 Conectividade

Analisando sob uma perspectiva mais egoísta, as redes Wi-Fi em ônibus e vagões, ou mesmo em aeronaves, são mais especificadamente um excelente conforto que proporciona comodidade. No entanto, do ponto de vista *smart*, esse conforto não passa de um valor adicional aos passageiros (Telles, 2018b).

Nesta obra, também serão revistas e previstas diversas maneiras com as quais o conforto é um subproduto de algo ainda mais relevante e essencial. Essa ideia acaba indo de encontro à concepção antiga de que são necessários sacrifícios para atingir objetivos mais "nobres", ou seja, apresenta uma nova ótica para o futuro (Telles, 2018b). A Internet das Coisas (IoT) apresenta uma oportunidade para empresas e indústrias inteiras mudarem significativamente a forma como se envolvem com seus funcionários, clientes e parceiros. Muitas das conversas sobre os benefícios da IoT estão centradas nos *insights* a serem obtidos a partir de dados adicionais. No entanto, ela oferece muito mais às empresas, permitindo-lhes introduzir novos modelos de negócio, melhorar a eficiência, aumentar a capacidade de resposta às demandas do mercado e modernizar os equipamentos de infraestrutura existentes.

Podemos verificar que, no mundo todo, várias organizações privadas trabalham em conjunto com governos e autoridades locais na inserção de conexões gratuitas ou mesmo acessíveis em diversos modais de transporte, como trens e autocarros, e até nos pontos de parada e estações.

Além do interesse em oferecer internet à população, há objetivos como a organização de rotas conforme o modal, a verificação das condições de tráfego, a duração do trajeto, os horários de partida do veículo e os locais para hospedagem (Telles, 2018b). Assim, em alguns segundos, é disponibilizado um volume considerável de dados e informações, após constantes aprimoramentos, quase diários, dos sistemas de geolocalização, como o desenvolvido pelo Google Maps.

Somos nós mesmos que introduzimos esse volume de dados nos sistemas do Google Maps. Com as conexões de nossos planos 3G ou 4G e 5G (além do 6G, que estava em desenvolvimento no ano de publicação desta obra), disponibilizamos em tempo real as informações, em volume considerável, que são unicamente tratadas e organizadas por algoritmos e processos desenvolvidos pelo Google.

Diante desse cenário, de acordo com Telles (2018b), pode-se dizer que a criação de um sistema de geolocalização e orientação riquíssimo como o Google Maps, que opera em escala global, garantiu nosso conforto. Mesmo em seu início, ainda carente de recursos e com diversas falhas, o Google Maps fornecia orientações úteis aos usuários, as quais não estavam disponíveis antes de sua criação.

No setor de mobilidade urbana, esse raciocínio pode ser aplicado mediante a implementação de recursos como sistemas móveis de Wi-Fi. Nesse contexto, diversas organizações poderão expandir, de forma impressionante, a conectividade dentro desse setor, e o resultado de toda essa iniciativa será a geração de informações que criarão uma nova óptica sobre as questões relacionadas a transportes dentro da Administração Pública. Um exemplo dessa iniciativa ocorreu em Florianópolis com o Livin Lab, um evento promovido pela cidade e pela Associação Catarinense de Tecnologia. A Sigmais, fundada em Vitória (ES), foi a Florianópolis validar no evento uma solução de IoT voltada ao gerenciamento de tráfego e teve um crescimento de 400% no faturamento depois desse evento.

Evidenciaremos, em algumas partes de nossa obra, que o pensamento *smart*, quando projetado para o futuro, permite que testes e experiências concedam oportunidades de *feedback* aos *early adopters* mediante a aplicação de testes e experiências (Telles, 2018b).

Podemos iniciar nosso entendimento valendo-nos de uma visão da **computação ubíqua**, conceito criado por Lucia Santaella, segundo o qual a IoT é dependente do progresso tecnológico para ampliação, miniaturização e disponibilidade de TIC, a fim de diminuir o custo e o consumo de energia. Uma vez que a IoT não é uma tecnologia disruptiva, podemos dizer que é um processo gradual, um novo modelo (Telles, 2018b).

De acordo com Telles (2018b), a tecnologia RFID pode ser considerada um dos maiores benefícios da IoT, visto que está ligada diretamente ao conceito. É bastante aplicada na implantação de etiquetas RFID e permite, por um custo baixíssimo, a identificação automática das coisas.

O próximo passo na evolução da IoT é formado pela rede de sensores sem fio (WSN), na qual as coisas se tornam ativas, ampliando-se a detecção, o processamento e os recursos de comunicação para criar redes de coisas. Os nós dos sensores variam "de pequenos nós de um milímetro (por exemplo, Smart Dust) a estações meteorológicas equipadas com GSM em escala de medidores" (Telles, 2018b, p. 102).

Alguns padrões conhecidos – como ZigBEE, Z-Wave, ANT ou *bluetooth* – são habilitados nas redes que incluem implantações domésticas em pequena escala e sistemas de monitoramento industrial em larga escala.

A *cloud computing,* computação em nuvem (ver Capítulo 3), passou por avanços consideráveis na última década e tem proporcionado inúmeros meios para atuar efetivamente com a esperada explosão de informações proporcionadas pela IoT.

É válido destacar que a coleta de dados foi um processo facilitado pelo uso do *smartphone* e das mídias sociais, visto que as fronteiras entre vida pública e privada se tornaram mais nebulosas com esses novos recursos. O compartilhamento de informações facilita não apenas a coleta de dados, mas também a identificação e o rastreio de indivíduos, e a tendência é que a privacidade vá se rompendo cada vez mais.

1.5 Gerenciamento de dispositivos com uso da internet

Telles (2018b) classifica sensores como os componentes das "coisas" que coletam e/ou disseminam dados e que se relacionam a inúmeras possibilidades, como velocidade, iluminação e temperatura. Entretanto, esses dispositivos dificilmente são "computadores" como conhecemos, apesar de que muitos possam ser formados pelos mesmos elementos, como *hardware*, memória e processador. Destacamos que esses sensores são encontrados de modo abundante, com preços cada vez menores, todos os quais podem comunicar-se diretamente com a internet ou com dispositivos conectados a ela.

A IoT exige uma enorme e escalável capacidade de armazenamento e processamento de dados, normalmente disponibilizados na nuvem, excetuando-se aqui os casos de informações específicas localizadas ou sensíveis à segurança.

De acordo com Telles (2018b), são diversas as aplicações em diferentes segmentos de mercado, tais como as seguintes:

- Casas
  A *smart house* (em português, *casa inteligente*), é um dos exemplos mais populares. Há componentes nas linhas brancas de produtos, que incluem sensores, dispositivos de segurança, aquecimento, entretenimento, entre outros, conectados a um servidor *gateway*.
- Saúde
  Sensores são utilizados para medir pressão arterial, temperatura, glicose, entre outros, e os dados são enviados de forma remota para as equipes médicas, além de serem utilizados na interpretação de dados.
- Automóveis
  Boa parte dos veículos automotivos já contam com equipamentos de computação em diversas áreas, desde a

gestão do motor até a geolocalização. Um carro *smart* pode ser facilmente localizado em caso de roubo ou acidente.
- Logística
As etiquetas RFID, desde que tenham custos mais acessíveis, podem facilitar o rastreamento de pedidos, o controle de frotas, a temperatura de produtos etc.

Boa parte desses dispositivos é utilizada na conexão do mundo físico com a internet, por meio do uso de sensores que fazem leituras de ambiente local e enviam as informações para a nuvem, abrindo constantes discussões sobre como lidar com perguntas sobre preservação, comunicação e integridade dos dados.

A natureza conectada dos dispositivos IoT apresenta uma oportunidade única para criar uma nova abordagem para desenvolver, implantar e atualizar o *software* que opera em um *hardware*.

As novas tecnologias permitem a prospecção de novos mercados. No entanto, apesar de serem "novos", não podemos deixar de lado o modelo de negócios que descreve a lógica de criação, entrega e captura de valor por parte de uma organização. Na sequência, falaremos um pouco mais sobre modelos de negócios.

1.6 Características da IoT e modelo de negócios

A indústria está sendo inundada por dados captados e transmitidos por sensores em linhas de produção pela a IoT. Esses dados podem ser financeiros, automobilísticos, eletroeletrônicos, digitais, comerciais, entre outras inúmeras áreas. Até o ano de 2022, o mercado da internet das coisas deverá movimentar mais de US$ 52 bilhões, com uma taxa de crescimento anual de 20% (Telebrasil, 2019).

As organizações que forem ousadas ao ponto de montarem um plano de negócios que faça uso de uma estratégia de *analytics* e permita extrair *insights* de seus dados, conseguindo usá-los em tempo real nos negócios, serão diferenciadas, tendo vantagem competitiva considerável nos anos que estão por vir.

A IoT está em avançado processo de desenvolvimento, tanto em tecnologia quanto em aplicação. Brevemente, veremos uma grande integração da IoT com nosso dia a dia. Muita expectativa há no surgimento de uma combinação de dispositivos conectados, *software* e plataformas, todos alinhados a objetivos de negócios e a uma abordagem centrada no ser humano.

Segundo Magrani (2018), é importante observar a explosão de inúmeras soluções e produtos de IoT, cada qual faz uso de sua plataforma associada. A maioria delas usa aplicativos e/ou serviços proprietários. "A próxima fase de desenvolvimento da IoT sofre forte tendência de ser direcionada para agregação de valor, convergência e integração a plataformas habilitadas para IoT, além de uma visão comercial mais amplificada, com olhos para o ecossistema IoT integrado" (Magrani, 2018, p. 146).

Essas movimentações se destinam a uma rede de objetos inteligentes com recursos sociais que devem abordar interações entre os sistemas autônomos e os seres humanos. A tecnologia IoT, quando combinada à inteligência artificial, pode fornecer uma base para produtos e serviços aprimorados e, eventualmente, inteiramente novos. Essa combinação apresenta novos desafios quando lidamos com arquiteturas de IoT distribuídas e mecanismos de segurança descentralizados. A IoT é considerada uma tecnologia disruptiva quando possibilita novas oportunidades de inovação de tecnologias e de desenvolvimento de novos serviços, ao oferecer novos produtos ao mercado. Esse cenário cria expectativas com essas oportunidades emergentes em busca do sucesso comercial nos mercados da indústria e de consumo.

A IoT deve ser compreendida como a camada de infraestrutura conectada que dá o suporte à geração de dados, disponível de modo universal e habilitada para interconectar diferentes tecnologias. "Trata-se de uma infraestrutura planejada para os serviços sob demanda com base no modelo de economia de pagamento de acordo com o seu uso" (Magrani, 2018, p. 147).

São os aplicativos o principal elo da IoT entre as diferentes abordagens que convergem para fornecer um conjunto de serviços úteis. Logo, os aplicativos deverão atuar como a principal ligação entre os desafios sociais e o progresso da tecnologia da IoT, inicialmente como uma demanda por gerenciar melhor os serviços sociais e, em seguida, como uma quebra no gerenciamento do desenvolvimento da tecnologia de maneira socialmente inclusiva.

1.6.1 Inteligência no que vemos e no que não vemos

Os exemplos de como a tecnologia vem sendo usada de maneira inteligente para lidar com problemas de mobilidade crescentes em grandes cidades aparecem em todos os lugares. De dispositivos de semaforização inteligente (algo já disponível há anos) a sistemas de análise de estacionamentos e gerenciamento de trânsito, o futuro está apenas à distância da vontade de aplicação de tais metodologias.

A internet das coisas não se limita a veículos ou a dispositivos pessoais. Muito pelo contrário – na nova maneira de pensar problemas de mobilidade, esses dispositivos pessoais passaram a ser apenas *endpoints* para um processo maior e mais inteligente.

O *endpoint security* ou *endpoint protection* refere-se

> à abordagem de proteger uma rede empresarial, quando acessada, tanto por dispositivos internos e remotos, como servidores, estações de trabalho, smartphones, laptops, tablets ou outros dispositivos sem fio. Inclui status de monitoramento, software e atividades. O software de proteção de endpoint é instalado em todos os servidores de rede e em todos os dispositivos da empresa.
> (Netranet, 2019)

Pela submissão de dados simples, como o de um carro parado ou em movimento (ou ligado ou desligado), é possível traçar processos de inteligência e complexidade incríveis. O conceito *internet das coisas* relacionado à mobilidade ou mesmo à infraestrutura urbana é associado ao fenômeno conhecido cientificamente como emergência.

O vídeo *How stupid things become smart together* (ou "Como coisas estúpidas tornam-se inteligentes juntas") ilustra de modo soberbo o funcionamento desse processo – e a inteligência que dele deriva. Imagine um amontoado de formigas. A grande maioria das espécies é capaz de montar colônias com milhões de indivíduos e construir estruturas complexas e intrincadas. Entre elas, no entanto, a comunicação ocorre por não mais do que três ou quatro variáveis diferentes. Em termos individuais, uma formiga apenas comunica ou transparece às outras sua função e seu estado. Aos milhões, isso se reflete em organização e ordem.

O mesmo acontece nas cidades. Pequenas ações ou comunicações hoje possíveis pela internet permitem que um sistema inteligente identifique melhores rotas, tempos otimizados para semáforos, crie modelos e cenários com previsões de horários de maior tráfego e, até mesmo, sugira rotas alternativas a cada um dos indivíduos que submete dados.

Os dispositivos, ou coisas, quando conectados, oferecem ao sistema pequenos lotes de informação que, quando colocados ao lados de outros milhões de dados, revelam tendências e oferecem respostas.

1.6.2 Organização que cria conforto

Geralmente, pensamos em organização e em políticas públicas de melhoria nos transportes e mobilidade como algo que, ao menos no curto prazo, cria desafios e exige de todos grandes sacrifícios. Entretanto, respostas simples são capazes de resolver problemas persistentes nesse segmento e, ao mesmo tempo, gerar vantagens em termos de conforto para o indivíduo e de ambiente para o todo.

O aplicativo Shuttl, que opera hoje na região metropolitana de Nova Deli, na Índia, é um grande exemplo disso. O aplicativo nada mais faz do que permitir que usuários encontrem rotas mais tranquilas para deslocamento na metrópole, em ônibus, e façam reservas *on-line* em veículos mais modernos, com ar-condicionado.

Esses veículos poluem menos. Além disso, a distribuição das necessidades por horários, além das reservas antecipadas, permite que a empresa que opera o ônibus sempre tenha clientes e que esses clientes tenham conforto e agilidade. E, como são mais modernos, os veículos emitem um volume de poluentes drasticamente inferior àqueles que operam nas linhas tradicionais e terminais de ônibus da região.

O aplicativo ainda influi na questão da decisão de moradia de trabalhadores de Nova Deli. Uma opção de transporte rápida e confortável permite que muitos residam em regiões mais distantes de seus escritórios – o que reflete preços melhores de imóveis e maior qualidade de vida.

Nos Estados Unidos, o Parkifi é outro aplicativo que utiliza dados simples para criar um serviço e uma inteligência fora do comum para motoristas e também empresários nas cidades norte-americanas. O Parkifi simplesmente oferece parcerias para estacionamentos nas cidades locais, permitindo que vagas disponíveis sejam sempre exibidas e gerenciadas na nuvem. O que "vemos" é o fato de podermos encontrar vagas para estacionar pouco antes de chegar a determinado local. Entretanto, essa solução simples tem a capacidade de reduzir o fluxo de automóveis, especialmente em regiões centrais das metrópoles. Em vez de circular indefinidamente em busca de lugar ou preços melhores para estacionar, o motorista conduz seu veículo diretamente para algum ponto – reduzindo viagens, trânsito e mesmo emissões de poluentes.

O futuro da mobilidade depende da internet das coisas. Carros que guiam sozinhos ou aplicativos de táxi aumentam nossa comodidade, mas uma observação mais *smart* sobre os dados que esses dispositivos e tecnologias são capazes de produzir é o que pode criar o fenômeno da emergência em nossas grandes cidades.

Talvez essa visão diferenciada nos faça ver, em alguns anos, que a infraestrutura urbana que considerávamos defasada até pouco tempo atrás é, na verdade, mais do que suficiente para comportar o número de pessoas residindo na maioria das grandes cidades do país.

1.6.3 Modelagem de negócios inovadores, inovação aberta e user experience (UX)

De modo conceitual, um modelo de negócios pode vir a representar uma visão geral da maneira como as organizações realizam seus negócios. Quando o assunto é o modelo de negócios, a metodologia Canvas pode ser utilizada para tratar da estrutura de modelagem de negócios com o raciocínio do *design*, sendo uma das mais empregadas pelas organizações inovadoras e *startups* ao redor do mundo. De acordo com Daychoum (2016, p. 148-150), o modelo sugere nove segmentos, distribuídos em quatro perspectivas principais

- *Clientes:* segmentos de clientes, relacionamento com os clientes e canais;
- *Oferta:* proposta de valor;
- *Infraestrutura:* principais parcerias, atividades-chave e principais recursos;
- *Finanças:* estrutura de custos e fontes de receita.

Provavelmente, as organizações interessadas em criar seus modelos de negócios específicos para IoT terão de fazer algumas adaptações na estrutura apresentada, identificando os elementos críticos de seu modelo de negócios para criar valor nos serviços de IoT.

Segundo Kaplan (2013), o centro de qualquer modelo de negócios é a criação de valor, ou seja, executar as atividades que agregam valor aos produtos ou serviços da organização, criando uma disposição dos clientes em pagar por isso. Os autores Porto, Ziviani e Ogasawara (2015) esclarecem que, de modo diferente, os produtos advindos da IoT não correspondem ao padrão tradicional do mercado de identificar necessidades e fornecer soluções adequadas. A experiência que envolve o valor do cliente na IoT pode realmente ser seguida durante seu ciclo de vida graças à capacidade de rastrear produtos em uso e responder ao comportamento do cliente. Assim, a criação de valor sob a ótica da IoT continua após o processo de vendas. Satisfazer as necessidades dos clientes em IoT envolve a previsão, o gerenciamento de dados em tempo real e a manutenção preventiva.

Entre as diversas ferramentas que podem auxiliar na elaboração de um modelo de negócios está o Canvas. Em seguida, vamos conhecer um pouco mais sobre essa metodologia de modelagem de negócios, a mais utilizada por *startups* e empresas de tecnologia, principalmente em negócios relacionados à internet das coisas.

1.6.3.1 Canvas: estruturando a proposta de valor ao cliente em processos de novos negócios

Podemos utilizar o modelo de negócios Canvas como uma estrutura visual que descreve os diferentes elementos de funcionamento de uma organização. É composto por nove segmentos distribuídos em quatro perspectivas (ver Figura 1.1) que se apresentam de modo não linear. Isso permite que uma organização levante alguns questionamentos, tais como: O que aconteceria com os custos ou as receitas se fossem introduzidos novos parceiros ou novas ofertas? Com base nisso, é possível avaliar os efeitos e os riscos do negócio.

Figura 1.1 – Estrutura do modelo de negócios Canvas

Fonte: Elaborado com base em Daychoum, 2016.

De acordo com Daychoum (2016), a seguir detalhamos cada um dos segmentos do modelo de negócios Canvas.

O primeiro segmento é o de **clientes**. Os clientes podem ser agrupados de acordo com seus comportamentos ou atributos comuns, e é preciso que modelos de negócios sejam criados para suprir suas necessidades específicas. As seguintes perguntas devem ser respondidas: Para quem se deseja criar valor? Quem são os clientes mais importante?

Em seguida temos a **proposta de valor**, que deve ser a resposta a um problema ou necessidade dos clientes, pois é por essa razão que eles procuram um produto ou serviço. Trata-se de um conjunto de benefícios oferecidos ao cliente e deve responder às perguntas: Que valor a organização pretende entregar ao cliente? A organização vai ajudar a resolver ou satisfazer quais problemas ou necessidades dos clientes? Quais pacotes de produtos ou serviços a organização está oferecendo a cada segmento de clientes?

Na sequência, temos os **canais**, que são o meio de contato entre a empresa e os clientes com a finalidade de ampliar o conhecimento dos clientes a respeito dos serviços oferecidos. Ainda têm a intenção de auxiliar na avaliação da proposta, em todo o processo de compra e também no pós-venda. As questões a serem respondidas nesta etapa são: Quais os canais de preferência dos clientes? Como os clientes têm sido alcançados? Como os atuais canais são integrados? Quais canais funcionam melhor? Quais são os canais mais econômicos? Como é feita a integração dos canais à rotina dos clientes?

A etapa seguinte é de **relacionamento com os clientes**. Aqui estão elencados os tipos de relacionamento que a empresa mantém com o cliente. A captação de novos clientes, fidelização dos atuais e o aumento das vendas podem incentivar esse relacionamento. Nessa etapa, as questões a serem respondidas são: Que tipo de relacionamento a organização tem com os seus clientes? Os clientes esperam que a organização mantenha um relacionamento com eles? Quais dos segmentos de clientes a organização estabelece relacionamento? O quanto custa o relacionamento com cada segmento de clientes?

O próximo segmento trata dos **principais recursos**. Os recursos possibilitam que a organização crie e ofereça uma proposta de valor. Essa proposta vai permitir que o relacionamento com o cliente seja mantido, e esses recursos podem ser físicos, financeiros, intelectuais ou humanos. As seguintes perguntas devem ser respondidas: Quais são os principais recursos exigidos para a criação das propostas de valor? Quais são os principais recursos exigidos pelos canais de distribuição? Quais são os principais recursos exigidos para se efetivar o relacionamento com os clientes? Quais são os principais recursos exigidos pelas fontes de receitas?

Na sequência, temos as **atividades-chave**, que são as ações que devem ser realizadas para um negócio ser bem-sucedido. Assim como os recursos, essas atividades criam e oferecem propostas de valor, atingem mercados, mantêm o relacionamento e obtêm receitas. Devem ser respondidas as seguintes questões: Quais são as principais atividades que as propostas de valor exigem? Quais são as principais atividades que os canais de distribuição exigem? Quais são as principais atividades que o relacionamento com os clientes exige? Quais são as principais atividades que as fontes de receitas exigem?

O próximo segmento são as **principais parcerias**. Os parceiros de um negócio são muito importantes para ajudar a manter o funcionamento deste. As parcerias podem acontecer de diversas formas e devem responder às principais questões: Quem são principais parceiros da organização? Quem são os principais fornecedores da organização? Quais são os principais recursos que a organização tem de adquirir de seus parceiros? Quais são as principais atividades executadas pelos parceiros da organização?

Em seguida, temos a **estrutura de custo**, que trata dos principais custos envolvidos na operação de um negócio, tais como: propostas de valor, manutenção do relacionamento, receitas e recursos e atividades principais, bem como as parcerias da empresa. Questões importantes a serem respondidas: Quais são os custos mais importantes envolvidos no modelo de negócios? Quais são os recursos mais caros? Quais são atividades mais caras?

Por fim, temos as **fontes de receitas**, que é a receita gerada pela organização em cada segmento de clientes. Para determinar a fonte de receita de cada segmento de clientes, a empresa deve averiguar o quanto está disposta a pagar por segmento. As seguintes perguntas devem ser respondidas: Qual preço os clientes estão realmente dispostos a pagar? Pelo que os clientes pagam atualmente? Como os clientes estão pagando atualmente? Como os clientes preferem pagar? Quanto cada fonte de receita contribui para a receita global? Os objetos interconectados estão proporcionando benfeitorias e melhorando a qualidade de vida dos consumidores, além de trazerem grandes benefícios aos negócios, otimizando processos, sistemas autônomos complexos e análises de decisão acionadas por sensores. O uso do modelo de negócio Canvas pelas organizações que elaboram soluções e tecnologias IoT se torna uma ferramenta muito importante em razão de sua versatilidade e simplicidade em descrever a lógica de como criar, entregar e capturar valor.

1.6.3.2 Open innovation: relacionamentos com clientes, fornecedores, startups e hackathons

A IoT tem potencial de promover a disrupção da indústria e dos tradicionais modelos de negócios. Tem auxiliado consumidores porque lhes proporciona experiências mais ricas e, conforme as organizações têm explorado maneiras de proporcionar atendimento às crescentes demandas deles, experimenta significativos ciclos de desenvolvimento.

A colaboração tem sido cada vez mais uma das estratégias de negócios necessárias. Mesmo as organizações tradicionais têm permitido um fluxo bidirecional de criatividade e solução com o ambiente externo, estendendo a profundidade e acelerando a velocidade de pesquisa e desenvolvimento, a fim de aprimorar as capacidades de crescimento.

1.6.3.2.1 Open innovation (OI)

De acordo com Aparecida e Gonçalves (2014, p. 3), a *open innovation* (inovação aberta) corresponde ao uso deliberado de entradas e saídas de conhecimento que busca acelerar a inovação interna e, com isso, expandir os mercados com o uso externo dessa inovação. Esse paradigma pressupõe que as organizações podem e devem usar tanto ideias externas quanto internas para suprir o mercado com inovações.

A OI tem sido ampla e eficazmente adotada em organizações do mundo todo, uma vez que envolve o compartilhamento de conhecimento e inúmeros recursos por meio das fronteiras organizacionais, com substancial variedade de parceiros durante parte ou todo o processo de desenvolvimento. Torna-se uma maneira eficaz de as organizações continuarem a ser competitivas em um ambiente onde as novas tecnologias e os processos têm ampliado a complexidade dos negócios. Aparecida e Gonçalves (2014) reforçam essa condição quando afirmam que o sucesso dela está enraizado na adaptação da colaboração multimodal entre as várias entidades e os vários sistemas para criar uma sinergia das partes envolvidas. Isso, quando colocado em prática, permitirá que as organizações acessem rapidamente ideias, habilidades, tecnologias e ativos.

Seguem algumas considerações de como podemos transpor as barreiras para a geração de inovação:

- Esforços inovadores não podem estar restritos a pequenos grupos dentro de uma organização. Devem fazer parte da cultura organizacional. Podem ser liderados por pequenos grupos, mas nunca restritos e isolados; sem imersão não há ideação, sem colaboração não há inovação.
- Criatividade é a ideia que atende a uma necessidade; por sua vez, a inovação é o processo de transformar essa ideia em realidade, gerando valor. Tecnologia é o meio, nunca um fim isolado. A inovação, então, tem relação direta com gestão de projetos.
- A inovação é um processo sistêmico e contínuo. Sem monitoramento e métricas, não há ajustes adequados e controle.
- Capacitação. O conteúdo relacionado à inovação é volátil e perecível, razão pela qual a *lifelong learning* (educação continuada, o reaprender continuamente) é fundamental.

Relacionamentos com clientes, fornecedores e startups

A *open innovation* permite que as organizações obtenham diversos benefícios em decorrência do relacionamento com clientes, fornecedores e *startups*, entre os quais destacamos os seguintes:

- Diferenciação nos modelos de negócios tanto na proposta de valor como na entrega de valor;
- Vantagem competitiva;
- Velocidade, agilidade e flexibilidade dos processos de inovação;
- Acesso a investimentos em tecnologias, a mercado, à especialização e a talentos;
- Crowdsourcing – financiamentos coletivos;
- Redução dos custos e o aumento da eficiência;
- Redução dos riscos de inovação;
- Novas fontes de receita. (Henrique; Mello, 2016, p. 8)

As organizações que têm conexões sistêmicas com o ecossistema de *open innovation* poderão obter diferencial considerável, principalmente graças à capacidade de estabelecer parcerias com fornecedores, *startups* e centros de pesquisa. Além disso, podem não só acessar nichos específicos de tecnologias e talentos, mas também ganhar agilidade ao alavancar eventuais tendências.

De acordo com Carvalho, Melo e Bagno (2017), as *startups* vêm sendo vistas como uma nova classe de provedores de serviços, uma vez que têm a capacidade de agregar velocidade, flexibilidade e inovação à cadeia de valor. Podem também disponibilizar uma nova tendência de inovação operacional, levando aos clientes produtos muito melhores, além de serviços com custos menores e risco muito baixo. As *startups* ganham com o acesso a investimentos, mercados, experiência, mentoria e conhecimento de seu domínio.

Hackathons

Em sua forma original, *hackathon* é um termo que representa a combinação de outros dois: *hacking*, que significa "invasão", e *marathon*, que significa "maratona". Analogamente à maratona, é um espaço de tempo intenso, ininterrupto e limitado de programação, no qual grupos de pessoas têm como principal desafio a produção de um protótipo de *software*.

Pelo grande potencial de criatividade e inovação, os *hackathons* têm variado muito em propósito e execução, mantendo estrutura e características comuns. Diversas organizações enfrentam o desafio de desenvolver novos produtos e serviços a fim de manter vantagem competitiva, respondendo a estratégias de concorrentes e, com isso, explorando novas oportunidades de negócios. Cada vez mais os ciclos de vida do produto estão se tornando curtos, razão pela qual uma resposta mais rápida ao mercado se tornou obrigatória para a obtenção da vantagem competitiva.

Isso também ocorre no contexto de *open innovation* e de IoT: os *hackathons* normalmente são configurados como evento ininterrupto, ou seja, profissionais de inúmeras áreas de especialização, desde engenheiros, programadores, *designers* e empreendedores, são reunidos como objetivo de idealizar um protótipo funcional que, no futuro, venha a se tornar um produto acabado, gerando receita e valor real para os negócios (Wanderley, 2019). Assim, os participantes devem receber apoio dos tomadores de decisão, que normalmente são proprietários dos produtos, gerentes de produtos ou investidores, os quais serão os patrocinadores no desenvolvimento dos protótipos ou das ideias. É, em princípio, um método simples, de fácil adoção quando se pensa no desenvolvimento de soluções IoT.

1.6.3.3 Modelo estratégico de operações

Tem havido avanço considerável das organizações no planejamento da IoT e no desenvolvimento de sistemas cujo objetivo é criar um modelo único de funcionalidades e de recursos necessários para a idealização de soluções do mundo real.

A segurança do projeto é, com certeza, um fator fundamental nas operações da IoT, uma vez que, quanto mais esta for empregada, aumentará mais a probabilidade de invasões. Segundo Ocampos (2015), a privacidade é, também, um fator crítico da IoT. Qualquer que seja, a solução IoT deve fornecer segurança em todos os níveis do dispositivo e no ciclo de vida dos dados. Tarefas como monitorar, gerenciar e proteger milhões de dispositivos de modo contínuo acabam sendo um dos grandes desafios enfrentados pelas organizações. Uma solução de gerenciamento de IoT, próxima do ideal, deve permitir a automação de atividades de integração, atualizações automáticas de *software*, além de medidas baseadas em regras pré-configuradas em busca de economia de tempo e esforço (Ocampos, 2015).

Para que haja o suporte eficaz ao uso da IoT, deve haver mudanças na maneira pela qual as organizações projetam seus sistemas, incorporando as soluções que permitam gerenciar não apenas os dados já existentes, mas também a nova arquitetura de maneira efetiva, que, no entanto, devem ser flexíveis o suficiente para acrescentar ou excluir rapidamente os requisitos aos seus sistemas sem demandar de muito esforço, em tempo real, para que seja capaz de acompanhar as dinâmicas necessidades dos negócios que estão em constante mudança.

1.6.3.4 Modelo estratégico de marketing

Podemos vislumbrar a IoT como uma ferramenta de promoção de produtos e serviços, de comunicação com os consumidores, de coleta de dados, de segmentação do público-alvo, além de diversos outros fins que podem ser empregados em marketing. Quando é possível aliar a IoT ao marketing, podemos tornar extremamente pessoais e customizadas a maneira e os métodos de comunicação entre a organização e os consumidores. O direcionamento de ações a um público-alvo e a precisão dessa segmentação também atingem novos níveis.

Para Santos e Freitas (2016), as organizações podem oferecer um produto ou mesmo um serviço a cada consumidor de maneira customizada. Essa disponibilidade pode tornar-se uma premissa para um marketing personalizado muito sofisticado. Com esses recursos, a publicidade se torna menos invasiva, pois, à medida que um consumidor externaliza a vontade de obter informações sobre determinados produtos e serviços específicos, isso ocorre. Podemos considerar esse fato como prova de que o futuro do marketing de interrupção vem aos poucos perdendo espaço para o marketing de permissão. Um bom exemplo são as grandes possibilidades para o setor de marketing na integração de dispositivos IoT com as mídias sociais.

Estratégias de *feedback* sobre produtos nas mídias sociais já são muito utilizadas, o que afeta diretamente a formação de interesse social e pode vir a influenciar fortemente a opinião dos usuários das mídias sociais. Quando são integradas as tecnologias IoT em conjunto com as mídias sociais, a organização cria um espaço virtual onde ela e determinado usuário terão uma conexão mais próxima. Isso é um sinal de que a IoT se tornará parte integrante das comunicações integradas de marketing e mudará a maneira como as organizações se comunicam com seus atuais clientes e os em potencial (Santos; Freitas, 2016).

Nesse contexto, sobressai ainda mais a estratégia *omnichannel*, cuja definição prima pelo uso simultâneo e interligado de diferentes canais de comunicação, com o objetivo de estreitar a relação entre *on-line* e *off-line*.

1.6.3.5 Modelo estratégico de *user experience* (UX)

O estilo de vida das pessoas tem mudado significativamente, principalmente no que se refere ao uso de produtos e serviços, com agregação de tecnologias emergentes, entre os quais se incluem os dispositivos móveis e a IoT. Temos percebido uma forte tendência da economia compartilhada, da qual podemos citar os seguintes exemplos: 99, Yellow, AirBnB, Uber, entre outros (Magrani, 2018). Apesar do desenvolvimento de vários produtos e serviços nos quais são empregadas as tecnologias IoT, a maioria deles se concentra na implementação de tecnologias de sensores e rede e muito pouco nos esforços em considerar, refletir e avaliar as necessidades dos usuários com base nos princípios de *user experience* (UX) – ou experiência do usuário (Magrani, 2018).

Desenvolver projetos UX para produtos e serviços integrados à IoT que fazem uso da análise dos requisitos do usuário e do desenvolvimento do projeto conceitual é um dos grandes desafios para as organizações. Além disso, o desenvolvimento de projetos com base em UX para ambientes comunitários tende a revelar modelos de usos incomuns, pois vai considerar os vários usuários UX simultaneamente. Pode haver inúmeras diferenças de propósitos entre os usuários com relação ao sistema de compartilhamento, mesmo que estes necessitem acessar o mesmo sistema independentemente do espaço e do tempo.

Ainda que sob tais condições, as organizações podem valer-se do desenvolvimento de soluções que utilizam IoT para transferir utensílios sem uso para locais onde serão mais necessários, com vistas ao compartilhamento de bens, serviços e espaços. Até mesmo para se ter acesso a um produto ou serviço por determinado período de tempo na forma de pagamento de um aluguel, eliminando a necessidade de comprá-lo. Mas, para que isso ocorra, as organizações não devem perder de vista as necessidades dos usuários com base nos princípios de UX.

1.6.3.5.1 Projeto centrado no cliente (UX e UI – *user interface*): *quality function deployment* (QFD), *failure mode and effects analysis* (FMEA) e *data fusion for IoT* (DFIOT)

No atual ambiente de negócios, as organizações enfrentam mudanças severas. As crescentes expectativas dos clientes estão se alterando muito rapidamente diante das diversas disrupções digitais que ocorrem nas áreas de comércio, bancos, transporte, assistência médica, uso de mídias, entre outras. Uma vez que, até então, não tínhamos visto a quantidade de dados que têm sido sendo gerada, as organizações têm enfrentado enormes dificuldades em compreendê-los. A impotência dada a essas rápidas mudanças é um problema enfrentado por muitas organizações, que acabam encontrando dificuldades em se adaptar a essa nova economia centrada no cliente.

A experiência presumida do cliente passa a ser um pré-requisito para a sobrevivência das organizações. O desenvolvimento de uma organização mais ágil, orientada a dados e centrada no cliente tem rapidamente se tornado uma questão imperativa.

De acordo com Seleme e Paula (2013), tornar-se uma organização centrada no cliente e focada em oferecer uma experiência excepcional ao cliente permite

- Prospectar e reter clientes, gerando receitas e ganhos.
- Tomar decisões com base em dados em tempo real para evitar erros no mercado e dar vantagem aos concorrentes.
- Criar a cultura de entrega com eficiência por todas as áreas.

(Seleme; Paula, 2013, p. 104)

No entanto, para que uma empresa se torne centrada no cliente, Seleme e Paula (2013) afirmam que é imprescindível entender que a diferenciação na experiência do cliente pode ser uma vantagem competitiva.

Atualmente, as organizações têm de utilizar dados para se conectar ao cliente em um nível significativo. Conexão gera lealdade, que, por sua vez, gera receita recorrente. Um grande orçamento de marketing não ajudará muito se a organização não conseguir se conectar com seu cliente no momento apropriado, a fim de compreender o que ele deseja e em que momento ele o faz (Seleme; Paula, 2013). Agindo assim, as organizações agregam valor aos seus clientes enquanto geram valor para si.

Quality function deployment (QFD)

Para Yang (2007), QFD* é como um processo estruturado que serve para definir as necessidades ou requisitos do cliente e convertê-los em planos específicos na criação de produtos que atendam a essas necessidades. Os melhores resultados são provenientes da voz do cliente na descrição de suas necessidades ou de seus requisitos, independentemente de estes terem sido ou não declarados. Podemos materializar o entendimento das necessidades do cliente utilizando uma matriz de planejamento de produtos, que é usada para converter um nível superior, "o que é", ou necessidades, em um nível inferior, "como é", ou requisitos do produto ou características técnicas para satisfazer essas necessidades (Yang, 2007).

Embora seja uma excelente ferramenta de comunicação em cada etapa do processo, a matriz QFD é o meio, e não o fim. Seu real valor

---

* Traduzido de forma livre para "implantação de função de qualidade".

está no processo de comunicação e na tomada de decisão. A QFD é orientada ao envolvimento da equipe multidisciplinar centrada no desenvolvimento dos produtos. O envolvimento ativo das diversas áreas pode auxiliar na compreensão equilibrada dos requisitos "o que é", em cada estágio do processo de compreensão. A estrutura QFD auxilia os elencados no desenvolvimento a compreender os requisitos essenciais, os recursos internos e as restrições, além de projetar o produto para que tudo esteja de acordo com o resultado desejado, objetivando um cliente satisfeito. Podemos, então, resumir QFD como uma ferramenta de planejamento da qualidade que proporciona uma comunicação eficaz.

Failure mode and effects analysis (FMEA)

O *failure mode and effects analysis* (FMEA)* é uma análise de engenharia realizada pela equipe multidisciplinar que analisa de maneira minuciosa os projetos ou processos de fabricação do produto, no início de seu processo de desenvolvimento. O principal objetivo é encontrar e corrigir pontos fracos antes que o produto chegue às mãos do cliente (Murakami; Lopes; Bauer, 2015). Assim, o FMEA é um método que foi criado para:

> ▪ *Identificar e compreender de forma abrangente as falhas em potencial de um produto ou processo, as suas causas e os efeitos das falhas no sistema ou nos usuários finais.*
>
> ▪ *Avaliar os riscos associados por meio da identificação dos modos, efeitos e causas da falha, além da priorização dos recursos necessários às ações corretivas.*
>
> ▪ *Identificar e executar as ações corretivas de maneira priorizada.* (Murakami; Lopes; Bauer, 2015, p. 22-23)

Portanto, devemos fazer uso do FMEA como o guia para o desenvolvimento de um amplo conjunto de ações que poderão reduzir a um nível aceitável os riscos associados ao sistema, ao subsistema e ao processo de fabricação. Se fizermos o uso do FMEA de maneira

---

* Em português, "modo de falha e análise de efeitos".

efetiva durante todo o ciclo de vida do produto, isso poderá resultar em melhorias consideráveis em termos de confiabilidade, segurança, qualidade, entrega e custo.

Data fusion for internet of things (DFIOT)

A IoT é composta por uma infraestrutura global de informações formada por bilhões de dispositivos ou objetos conectados à internet capazes de detectar, comunicar, processar e agir. Nesse processo, estão inclusos sensores, identificadores por radiofrequência (RFID), *smartphones*, relógios inteligentes etc. A ideia de uso da IoT é permitir que todas essas coisas sejam conectadas a qualquer momento, em qualquer lugar, com qualquer coisa ou qualquer pessoa, preferencialmente com o uso de qualquer caminho, rede e serviço. Como resultado, fica a geração de uma substancial quantidade de dados provenientes de diferentes fontes, o que ampliará a demanda de métodos eficazes para processar esses dados.

*DFIOT**, de acordo com Kumar e Pimpakar (2018, p. 278, tradução nossa), é definido como "a teoria, conjunto de técnicas e ferramentas utilizadas na combinação desses dados sensoriais em um formato de representação comum". Objetiva melhorar o desempenho de determinado sistema pela combinação de informações complementares ou redundantes. Com a combinação de informações redundantes, podemos reduzir a incerteza das medições, ao passo que a combinação de informações complementares possibilita a obtenção de informações que não podem ser percebidas por um único sensor. A fusão de dados é normalmente utilizada na detecção e classificação em diferentes domínios de aplicação, tais como robótica, médica, industrial, militar etc.

Trata-se de sistemas heterogêneos que compõem a IoT, nos quais os dados normalmente são representados em diferentes contextos. Isso é um problema, uma vez que dificulta a análise dos relacionamentos entre os diferentes dados, mesmo quando os conjuntos desses dados se associam a uma forma semântica entre si. Outro

---

* Em português, "fusão de dados para internet das coisas".

grande desafio na IoT é a escalabilidade, principalmente se consideradas as mudanças constantes na forma e no tamanho das redes (Kumar; Pimparkar, 2018). A fusão de dados em ambientes distribuídos e heterogêneos, como a IoT, passa a ser um desafio substancial.

1.7 Mix de marketing (4P) e novos mercados

A essência da vida de uma sociedade é a produção e a comercialização de bens e de serviços, funções básicas destinadas a satisfazer os compromissos com *stakeholders*, que, nesse caso, são os proprietários, os clientes, os fornecedores, o governo etc. Assim, cria-se o benefício que os economistas chamam de *utilidade*, representado pelo poder de satisfazer um desejo ou uma necessidade de um bem ou um serviço (Oliveira, 2012). Ainda de acordo com Oliveira (2012), existem quatro tipos básicos de utilidades: a **forma**, o **tempo**, o **local** e a **propriedade**.

A utilidade da forma é criada quando a empresa converte matérias-primas e insumos em bens e serviços acabados. Embora o marketing forneça informações importantes que especifiquem a preferência do consumidor, a função de produção da organização é responsável pela criação real da utilidade da forma. A função de marketing cria utilidade de tempo, de local e de propriedade.

A utilidade de local e de tempo acontece quando os consumidores localizam os bens e os serviços disponíveis *onde* e *quando* desejam comprá-los. Como exemplo, podemos citar os *sites* de *e-commerce* que disponibilizam os seus produtos e serviços no formato 7/24 (7 dias por semana/24 horas por dia), enfatizando, assim, utilidade do tempo. As máquinas de venda automática de refrigerantes fornecem utilidades para as pessoas. A transferência de titularidade de bens ou serviços no momento da compra cria a utilidade de propriedade.

Um dos grandes exemplos de utilidade de local e tempo é a Amazon. No livro *As cartas de Bezos*, de Steve Anderson e Karen

Anderson (2020), os autores destacam a obsessão da empresa pelo cliente. Tudo o que a Amazon faz – tanto no plano macro quanto no plano micro – remete a algo que a companhia sabe ou acredita saber sobre seus clientes. Os algoritmos desenvolvidos pela Amazon levam a ofertas mais personalizadas possíveis para seus clientes. O resultado desse trabalho da empresa de Jeff Bezos, que revolucionou a maneira pela qual as pessoas fazem compras, foi ter atingido mais rapidamente a marca de 100 bilhões de dólares em vendas.

Para que consigam sobreviver, as organizações necessitam criar utilidade e projetar e comercializar mercadorias, serviços e ideias que venham a satisfazer o mercado (isso é a base para a criação de utilidade).

Drucker (2017) enfatiza a importância do marketing quando afirma que, para conhecer um negócio, precisamos iniciar pela razão de sua existência, pois seu propósito deve estar fora do negócio em si. Assim, há uma única definição válida da finalidade comercial: criar um cliente.

Com base nessas afirmações, podemos concluir que as atividades de marketing se concentram sempre no consumidor. Assim, uma organização orientada ao mercado inicia sua estratégia genérica com uma descrição muito bem detalhada de seu mercado-alvo, ou seja, o grupo de pessoas para quem a organização decide direcionar seus esforços de marketing.

1.7.1 *E-marketing* na esteira da IoT

Já é fato consumado que o *e-commerce,* ou comércio eletrônico, tem influenciado amplamente a economia global e, com isso, afetado todos os aspectos dos negócios. Atualmente, nenhuma organização pode ignorar formatos de comércio eletrônico.

São incluídas no sistema de *e-commerce* as transações comerciais na internet. Nesse contexto, ele pode ser classificado, por tipos de aplicação, em *e-marketing* e *electronic data interchange* (EDI)* (Turban, 2004).

Quando falamos de *e-marketing*, estamos nos referindo ao *marketing* de produtos ou serviços pela internet, sendo, por isso, uma redefinição de como as empresas interagem com seus clientes. Na realidade, termos como e-*marketing*, *marketing on-line* e *marketing na internet* são considerados sinônimos. O e-marketing é tratado como uma nova abordagem do marketing de bens, serviços, informações e até ideias por meio da internet e outras mídias eletrônicas (Oliveira, 2012).

A estratégia de *e-marketing* é utilizada para proporcionar a expansão dos negócios de maneira dinâmica utilizando da internet, desempenhando um papel importante no gerenciamento de ferramentas e atividades de marketing nos negócios. Em nossos dias, a publicidade veiculada em *banners* tem sido a forma mais popular. No entanto, existem diferentes tipos de *e-marketing*, conforme descrito por Oliveira (2012, p. 238; 337; 339; 340; 385):

> *Marketing por E-mail*: uma das principais formas de fortalecer o relacionamento com os clientes, sendo uma maneira eficaz de retê-los, economizando tempo e papel.
>
> *Marketing por dispositivos móveis*: dá-se por meio da rede de telefonia à qual os clientes estão conectados. As organizações devem se preparar desenvolvendo aplicativos específicos para smarthphones. A customização é muito importante nesse tipo de marketing, pois as organizações interagem com os seus clientes individualmente ao fornecer um serviço, um produto ou mensagens personalizadas conforme as suas necessidades.
>
> *Marketing viral*: a crescente popularização das redes sociais tem oferecido maneiras eficazes do uso do marketing viral em larga escala – consumo de conteúdo online. Os usuários que se utilizam intensamente das redes sociais têm como base a confiança entre os indivíduos e tendem a compartilhar conteúdo online em larga escala.

---

* Em português, "intercâmbio eletrônico de dados".

- Marketing digital: tecnologias que auxiliam as atividades de marketing, tendo como objetivo melhorar o conhecimento sobre os clientes e, assim, atender de forma mais eficaz as suas necessidades. Os clientes podem ler resenhas e escrever comentários sobre as suas experiências em blogs e isso pode ser usado como uma ferramenta de marketing digital.
- Marketing de conteúdo: criação e compartilhamento de mídias e a publicação de conteúdo para atrair novos clientes. Consiste na utilização de vídeos, fotos, artigos, webinars e podcasts. Concentra-se na comunicação com o público e não necessariamente na comercialização de produtos ou serviços.

Podemos, então, concluir que o *e-marketing* pode criar inúmeras oportunidades para uma organização, além de reduzir diversas ameaças.

1.8 Growth hacking

Um dos maiores desafios para as organizações é a concepção de negócios e produtos sustentáveis, bem como a ampliação da base de clientes. Tanto os mercados quanto as oportunidades são constantemente dinâmicos, razão pela qual as organizações precisam manter o foco, melhorando constantemente suas táticas em um mundo que se transforma muito rapidamente. Algumas táticas empregadas até poucos anos atrás agora já se mostram obsoletas. Nesse cenário, a IoT surge como uma eficiente plataforma para auxiliar nos processos que se utilizam de pesquisa de marketing no decorrer do desenvolvimento, da precificação, da distribuição e da promoção de produtos.

Nesse contexto, o *growth hacking* descreve uma abordagem de teste e medida orientada a dados para alcançar, converter e reter clientes em uma base escalável (Leite, 2015). Está relacionado ao uso criativo de métodos escalonáveis e repetíveis, objetivando otimizar todos os pontos de contato digitais, levando os possíveis clientes a agir. Refere-se a uma abordagem na interseção de táticas de marketing e desenvolvimento de produtos, devidamente inspirada em análises e dados: testes, medições e refinamentos constantes.

O principal objetivo para aquelas organizações que aplicam o *growth hacking* é criar um coeficiente de aquisição de usuário maior do que um. Podemos citar como exemplo a busca da organização por mais clientes utilizando seus produtos no decorrer do tempo em vez de perdê-los por desgaste no relacionamento. Ao utilizar diversos métodos de *growth hacking*, as organizações poderão determinar os melhores meios para aumentar esse coeficiente.

De acordo com Leite (2015), as novas tendências em marketing têm relação direta com a agilidade e a experimentação, com base nos princípios elementares de marca, produto e história. A análise e os testes são fundamentais, pois as habilidades e as expectativas dos clientes mudam todos os dias. Com base nisso, as organizações devem evoluir e aprimorar constantemente suas habilidades com intuito de se conectar com os clientes em um mercado cada vez mais complexo (Leite, 2015).

A partir do momento em que os objetos podem analisar o ambiente e se comunicar por meio das tecnologias IoT, habilita-se um eficiente conjunto de ferramentas permitindo entender a complexidade no fornecimento de respostas rápidas, de preferência em tempo real. Os sensores embutidos em objetos físicos, conectados por meio das redes, proporcionam enormes quantidades de dados que podem ser analisadas, o que faz com que seja um grande desafio para a área de marketing encontrar respostas de como as marcas podem melhorar a satisfação dos clientes com as tecnologias com base na IoT.

Apesar da constante análise e os testes informarem o que está funcionando, também foram alterados os meios que as organizações utilizam para obter permissão para iniciar uma conversa com um possível cliente. Ressaltam Ferreira Júnior e Azevedo (2015, p. 148):

> *já não se pode confiar nas técnicas de marketing de interrupção, o qual interrompe a atenção ou atividade das pessoas para apresentar um produto ou serviço. Pelo contrário, as organizações devem se auto desafiar o tempo todo no sentido de criar conteúdo*

que ajude as pessoas nas suas necessidades e interesses, e não apenas focar na publicidade da sua marca.

De acordo com Silva (2017, p. 77), complementando o parágrafo anterior,

> os rápidos avanços da IoT proporcionam um impacto substancial no marketing e nos negócios, oferecendo uma compreensão precisa do ajuste necessário de produtos e mercado, além de unificar o projeto, o marketing e a engenharia de produto de maneira que, uma vez que o produto atinja uma massa crítica no mercado, os ciclos de aperfeiçoamento e de interação com os clientes impulsionem o produto.

Até aqui, abordamos estratégias, novos mercados e modelos de negócios, contexto em razão do qual podemos vislumbrar os avanços e impactos proporcionados pelo futuro das coisas. No entanto, como analisaremos a seguir, a gestão tem fundamental importância no sucesso da implementação da IoT.

Capítulo 2

IoT e gestão

Conteúdos do capítulo:

- Gestão de projetos IoT.
- Estatística, análise de dados e *data mining* para IoT.

Após o estudo deste capítulo, você será capaz de:

1. entender como gerir projetos IoT;
2. classificar as diferentes áreas de gestão;
3. estabelecer a relação entre estatística, análise de dados e *data mining* em IoT.

Diante do cenário de adoção de novas tecnologias, em específico as relacionadas à internet das coisas (IoT), as organizações passaram a rever seus modelos de negócios para que pudessem não apenas permitir o gerenciamento dos dados preexistentes e a nova arquitetura de forma efetiva, mas se preocupar em ser flexíveis o suficiente para adicionar ou reduzir rapidamente requisitos aos seus sistemas.

O modelo de negócios Canvas, visto no capítulo anterior, tem sido uma das ferramentas utilizadas no planejamento das organizações a fim de que se adaptem às tecnologias IoT e a seus negócios, garantindo, assim, a efetiva criação, a entrega e a captura valor. O desenvolvimento da tecnologia IoT caminha muito rapidamente em agregação de valor, convergência, integração de plataformas a ela habilitadas. Além de trazer uma visão comercial mais amplificada, voltada principalmente ao ecossistema IoT integrado, essa tecnologia disruptiva possibilita novas oportunidades de inovação, de desenvolvimento de novos serviços e de oferecimento de novos produtos ao mercado.

Existe a tendência de que, cada vez mais, ocorra uma adoção maciça de novas tecnologias IoT que sejam designadas ao consumo, incorporadas a novos modelos de negócios, construídas em cooperação com outros setores, todas com o objetivo de melhorar a maneira como as pessoas vivem. Os fornecedores de bens de consumo, de serviços financeiros e de assistência social, além de outros, poderão alinhar suas ações para os processos de compra e de assistência pós-compra, tornando menos evidente a linha entre bens e serviços e valorizando as informações, a segurança, a qualidade, a agilidade e a sustentabilidade.

A internet das coisas trata do aumento da comunicação entre máquinas pela internet (M2M, ou *machine-to-machine*), desde eletroeletrônicos ligados à internet até sensores dispostos nos mais diversos ambientes.

Os setores público e privado sentirão a necessidade de adaptação do planejamento para embarcar melhor as possibilidades que internet das coisas nos propicia.

capítulo 2

Haverá automatização de setores inteiros da economia baseada na IoT, tais como mobilidade urbana, saúde, segurança, agronegócio, logística, entre outros.

Em internet das coisas, muito mais do que apenas conectar dispositivos, explora-se um novo potencial com novos tipos de aplicativos, manutenção preditiva, gerenciamento de frotas ou casas inteligentes. Para fazer isso, precisamos conectar o mundo físico (coisas) com o mundo virtual (internet, TI).

O mundo das coisas consiste em dispositivos conectados (*edge devices*) direta ou indiretamente a um *back-end* por meio de *gateways* locais.

Fleisch (2010, p. 3, citado por Sabo et al., 2017, p. 5), afirma:

> A IoT consiste em fazer com que as coisas físicas se tornem conectados à Internet. Não quer dizer transformá-las em computadores pessoais, mas sim caracterizá-las como minúsculos computadores, denominados de "coisas inteligentes", em razão de seu agir mais dinâmico comparado às coisas não conectadas. A ideia da IoT não é nova, porém tornou-se relevante para o mundo experimental nos últimos tempos devido ao seu progresso no desenvolvimento de hardwares. Assim, a redução de tamanho, dos custos e do consumo de energia, a melhora do desempenho e o impulso à inovação são pontos positivos do assunto.

O mundo da TI consiste em uma plataforma IoT e nos aplicativos construídos sobre isso, o que significa que a plataforma IoT funciona como *middleware* entre o mundo físico e de TI, facilitando a desenvolvimento de aplicativos e soluções de IoT. Somente uma vez que esses dois mundos forem unidos, incluindo conectividade necessária, a cadeia de valor na internet das coisas torna-se completa.

2.1 Gestão de projetos IoT

De acordo com Taurion (2013, p. 34), uma das propostas das tecnologias IoT é a transformação dos objetos do dia a dia das pessoas em sistemas inteligentes pela utilização de uma infraestrutura comum que possibilita a conexão à rede global de dispositivos e máquinas utilizando a internet.

Outra questão que envolve as tecnologias IoT é o fato de elas serem baseadas em diferentes ecossistemas tecnológicos, como rede de sensores, sistemas embarcados, plataformas de *big data*, computação em nuvem e arquitetura orientada a serviços. Diante dessa condição, os projetos de IoT costumam fugir do padrão, porque envolvem a fase de pesquisa e desenvolvimento, um trabalho mais técnico e, portanto, mais demorado, que demanda conjuntos avançados de habilidades e quase nunca dispõe de modelos de negócios bem definidos.

As falhas que ocorrem em projetos de IoT necessitam que haja o aprimoramento do gerenciamento de projetos para que possa, então, proporcionar flexibilidade, agilidade, trabalho em equipe e, na sequência, o desenvolvimento de uma estrutura técnica robusta. Nesses projetos que envolvem IoT, é imprescindível não focalizar unicamente os negócios, mas que esses projetos envolvam também a tecnologia. Além disso, as atenções devem estar concentradas nas ameaças relacionadas à segurança e à privacidade.

Tem havido um crescimento rápido no planejamento e no desenvolvimento de tecnologias IoT. Existem numerosos planos na lida com a funcionalidade e os recursos necessários na criação de soluções IoT para o mundo real. Borba (2018) descreve os principais aspectos dos projetos de soluções de IoT:

- **Suporte a diversos protocolos:** existe uma grande diversidade de soluções espalhadas pelo mundo, cada uma com seus próprios protocolos e formatos de dados. A solução ideal é que os projetos IoT contemplem arquiteturas independentes de fornecedor.
- **Capacidade de controle dos dados:** à medida que os casos de uso da IoT se expandem, a quantidade de dados produzidos por eles aumenta exponencialmente e a minimização de dados se torna essencial. Uma solução IoT deve ser capaz de direcionar esses dados de acordo

com regras predefinidas visando minimizar os custos de armazenamento e permitir o controle completo dos dados.

- **Segurança do projeto:** a IoT potencializa de maneira significativa a probabilidade de ataques às bases de dados. A privacidade é, também, apontada como uma das principais preocupações da IoT. Qualquer projeto IoT deve fornecer a segurança apropriada em todos os níveis do dispositivo e no ciclo de vida dos dados.

- **Detecção, configuração e gerenciamento automatizado nos pontos de acesso ao sistema:** no contexto IoT, monitorar, gerenciar e proteger uma infinidade de objetos distintos como sensores, dispositivos ou *gateways* é um enorme desafio para as organizações. Um bom projeto IoT deve prever a automação de atividades de integração, forçando atualizações de *software* pontuais, além de tomar medidas baseadas em regras pré-configuradas para economizar tempo e esforço.

- **Escalabilidade no desenvolvimento e na implantação das soluções em nível corporativo:** o suporte às soluções IoT requer uma profunda mudança na maneira como as organizações projetam seus sistemas. Uma solução IoT deve contemplar não apenas o gerenciamento do legado e da nova arquitetura de maneira eficaz, mas também ser flexível o suficiente para adicionar ou reduzir rapidamente requisitos aos seus sistemas no sentido de atender às dinâmicas necessidades de negócios.

Ressaltamos que esses aspectos elencados podem ser considerados ponto de partida nos mais variados setores, para os projetos de validação de conceitos e piloto para testes de eficácia da IoT. A expansão dessa lista é inevitável, principalmente em razão da proliferação das soluções IoT, entre as quais pode ser incluído o suporte a diversas tecnologias operacionais, como sistemas de vigilância com câmeras baseados em IP, rodovias pedagiadas, dentre outras.

2.2 Lançamento de negócios IoT, difusão e gestão de estratégias de marketing

Recentemente, constatamos o desenvolvimento de diversos produtos que são capazes de analisar ambientes e compartilhar dados com usuários, outros produtos e empresas via internet – IoT. Medeiros et al. (2018) defendem que esses são produtos projetados que detêm, além das funcionalidades básicas, a capacidade de coletar e compartilhar dados por meio da internet. A denominação dessa nova categoria é de produtos de coleta e de compartilhamento de dados ou, simplesmente, produtos IoT.

Produtos IoT podem ser vistos como um estágio que precede o desenvolvimento de produtos inteligentes, que são capazes de analisar e, potencialmente, interpretar os dados de maneira orientada a objetivos. Esses produtos inteligentes podem tomar decisões que, de outra maneira, necessitariam de cognição humana (Medeiros et al., 2018).

Fazendo uso de recursos de *machine learning*, esses produtos podem fazer análise de dados de uso de um produto. Com esses dados, eles podem aprender e se adaptar com o passar do tempo às preferências do usuário. De acordo com o tipo de produto e a finalidade da aplicação, as decisões que serão tomadas por um produto inteligente poderão ser utilizadas no fornecimento aos usuários e à empresa de recomendações em vez de apenas fornecer informações, como acontece com um produto IoT.

São normalmente utilizadas técnicas de *machine learning* para analisar as preferências dos usuários. Com base no comportamento de seu uso, esse produto ajusta continuamente o próprio comportamento segundo as previsões de preferências usuário. Podemos utilizar como exemplo os serviços de *streaming* digitais que, de acordo com o que o usuário ouve ou vê, o algoritmo cria e sugere *playlists* de acordo com a análise de seu comportamento.

2.2.1 RH e os ganhos com IoT

Como ganho, quando avaliamos o exemplo dos recursos humanos como parte estratégica, verificamos que o setor pode tornar-se um diferencial competitivo da empresa por ser o responsável por preparar os profissionais para integrarem a tecnologia ao cotidiano, necessitando incorporar a IoT aos procedimentos e ao dia a dia. Entretanto, essa não é uma novidade, uma vez que, de acordo com Dino (2019), "os esforços do governo são novos, mas a Ahgora já disponibiliza essa tecnologia para o RH há quase dez anos, desde 2010".

Equipamentos que fazem uso da IoT, como catracas de acesso, totens de estacionamento e relógio de ponto, transmitem dados de ponto e acesso, auxiliam os responsáveis por gerenciamento de pessoas e podem fazer acompanhamento de presença dos colaboradores, independentemente do local em que se encontram e de maneira simultânea.

A IoT impacta muito na velocidade de transmissão de dados, razão pela qual o RH intervém imediatamente quando ocorre algo fora do padrão. Fazendo uso das catracas e equipamentos IoT, liberamos ou bloqueamos o acesso de pessoas remotamente, ação essencial para organizações que trabalham com informações sensíveis, por exemplo.

Com a IoT aplicada à jornada de trabalho, é possível haver marcações de ponto transmitidas para o RH em tempo real. Esses registros são disponibilizados para consulta instantaneamente. Os colaboradores conseguem gerir o próprio banco de horas; e, por outro lado, o RH não precisa digitar constantemente o registro e fazer a conferência de planilhas, uma vez que toda a coleta de dados é realizada de maneira automática.

De acordo com Dino (2019), a principal tendência em gestão de pessoas é "o RH *data-driven*, com o *people analytics* como carro-chefe. A coleta e tratamento de dados para evidenciar padrões de comportamento e empoderar a tomada de decisão é um diferencial competitivo".

Já podemos cruzar dados com registros das atividades e gestão de custos em um contexto em que os dados considerados brutos são compilados para gerar gráficos e outros relatórios após a conversão. Se os relógios de ponto não forem IoT, há necessidade de alguém do RH ir até à localidade, conectar um *pen drive* e fazer o *download* dos dados, perdendo a capacidade de prever quantas horas extras e atestados vão impactar o orçamento do mês (Dino, 2019).

Entre as vantagens em fazer uso da IoT nesses processos, estão as seguintes:

- *A rede não fica sobrecarregada;*
- *O download não demora uma eternidade;*
- *Troca de mensagens duas vias, a baixo custo.* (Dino, 2019)

Além disso, é realizada automaticamente a verificação de *status* do equipamento. O próprio equipamento envia diagnóstico de "falha" ou sinaliza a desconexão, e a informação está disponível na internet assim que ela acontece.

2.3 Difusão e gestão de marketing

De acordo com Ferreira Júnior e Azevedo (2015, p. 95), do ponto de vista da gestão de marketing, os produtos da IoT despertam grande interesse graças a duas funcionalidades elementares:

- *Análise do produto: depende da coleta autônoma dos dados de uso no ambiente do cliente. Esse processo é responsável por fornecer às empresas as informações sobre o uso real do produto.*
- *Acesso remoto: oferece as opções para, remotamente, operar um produto IoT, alterar os parâmetros ou ajustar as propriedades do produto, ativar e desativar funções do produto e controlar a entrada dados do produto IoT.*

Se forem aplicados de modo isolado ou em conjunto, a análise do produto e o acesso remoto habilitam uma considerável gama de novas oportunidades para gestão de marketing. Com os produtos do cotidiano adaptados à IoT, os clientes ficam permanentemente rodeados de uma imensa variedade de sensores e inúmeros pontos de acesso à internet, o que promove uma conexão permanente com as empresas.

Quando fazem uso de um produto de IoT ou um produto inteligente, os clientes, em sua maioria, optam pela conexão a um ecossistema específico, que influencia a escolha de fornecedores específicos. Entretanto, a jornada do cliente no cenário de uma única empresa pode ser ampliada para uma jornada do cliente em um ecossistema operado por uma rede de empresas, incluindo seus concorrentes. Se formos concentrar as atenções nos produtos em si, pelo menos no que diz respeito ao *hardware*, eles serão um meio pelo qual os clientes obtêm acesso a um ecossistema. Podemos citar como exemplos desses ecossistemas concorrentes os dispositivos *wearables*, os carros autônomos, além de outros produtos de consumo.

2.3.1 Aspectos legais

A internet das coisas é um promissor segmento da rede mundial de computadores que tem gerado inquietações em vários setores. No Brasil, estudos para viabilizar suas aplicações foram conduzidos pelo Ministério da Ciência, Tecnologia, Inovações e Comunicações (MCTIC) e pelo Banco Nacional de Desenvolvimento Econômico e Social (BNDES), tendo resultado no Plano de Ação em IoT para o Brasil 2017/2022.

Quanto à segurança da informação,

> *a maior problemática identificada residiu nos crescentes riscos sistêmicos trazidos por IoT, como aqueles decorrentes de falhas na implementação de protocolos de segurança (dispositivos mantidos com senhas padrões ou até mesmo sem a possibilidade de alteração de senha) e os riscos derivados de vulnerabilidades. Esses riscos se tornam ainda mais latentes diante da utilização de aplicações IoT em Governança e Novas Tecnologias.* (Sabo; Rover, 2019, p. 12)

Diante desse cenário, podemos perceber que a gestão e a segurança de dados se tornam fundamentais para trabalharmos com aplicações que fazem uso da IoT.

2.4 Estatística, análise de dados e *data mining* para negócios

Entre os vários desafios enfrentados pelas organizações em nossos dias está o de aprender com os dados e transformá-los em informações. De acordo com Kolbe Junior (2017, p. 77), "os dados são conhecidos por estarem em estado bruto e não produzirem conhecimento". Transformar dados em conhecimento são a grande estratégia global de empresas e governos. A célebre frase "Os dados são o novo petróleo" foi criada por Clive Humby, um matemático londrino especializado na ciência de dados. Executivos do mundo todo citam a frase para defender a ideia de que dados transformados em conhecimento são tão valiosos quanto o petróleo. A internet é a principal fonte de extração de dados e dispositivos com técnicas de *big data*, inteligência artificial e *machine learning*, procedimentos que extraem ainda mais valor dos dados.

Para transformarmos dados em informações, podemos utilizar um sistema de informação (SI) e operações específicas. Davenport e Prusak (1999, citados por Kolbe Júnior, 2017, p. 77) assim caracterizam algumas operações que auxiliam na conversão de dados em informações:

- *Contextualização: identificar para que esses dados serão utilizados, isto é, qual é a finalidade deles. Por exemplo: contextualizar dados contidos em uma planilha para atender às necessidades de uma área ou setor específico.*
- *Categorização: classificar os dados essenciais. Por exemplo: categorizar os pedidos realizados em determinadas regiões.*

- *Cálculo: interpretar os dados de forma matemática ou utilizando a estatística. Por exemplo: calcular possíveis diferenças de vendas realizadas em determinado exercício.*
- *Correção: tornar os dados mais confiáveis, sem erros. Por exemplo: verificar se erros nos lançamentos dos dados ocorreram e providenciar a respectiva correção.*
- *Condensação: resumir os dados para uma visão mais ampla da informação. Por exemplo: condensar os dados dos dias em meses ou dos meses em anos.*

Ainda, de acordo com esses autores, devem ser realizadas algumas operações para transformar informação em conhecimento. São elas:

- *Comparação: como as informações conhecidas se comparam às que estão sendo coletadas? Por exemplo: comparação de relatórios de vendas atuais com relatórios de vendas anteriores.*
- *Consequências: qual é a implicação das informações nas tomadas de decisões? Por exemplo: as consequências, para o desempenho da organização, do não atingimento de metas projetadas.*
- *Conexão: a informação atual tem relações com informações anteriores? Por exemplo: tentar fazer conexões com problemas que aconteceram anteriormente.*
- *Conversação: o que os outros colaboradores pensam de determinada informação? Por exemplo: articulação de ações envolvendo conversas, diálogos, alinhando os objetivos da organização.* (Davenport; Prusak, 1999, citados por Kolbe Júnior, 2017, p. 82)

Uma das razões de as organizações necessitarem lidar com as estatísticas é o fato de estas terem surgido da necessidade de se colocar o conhecimento em uma base sistemática de evidências.

2.4.1 Data mining

A mineração de dados, ou *data mining*, encontra-se na interseção entre a estatística, a ciência da computação, a inteligência artificial, o *machine learning*, o gerenciamento de banco de dados e a visualização de dados, entre outros campos. Laudon e Laudon (2014, p. 197) definem *data mining* como "o processo de exploração e análise, por meios de processos automatizados ou semiautomatizados, de grandes quantidades de dados, com o objetivo de descobrir padrões significativos".

No mundo dos negócios, há o entendimento de que *data mining* é o processo que busca a identificação de padrões ou modelos válidos (os padrões são válidos no geral), novos (não era conhecido o padrão de forma prévia), com potencial e compreensíveis (permite interpretar e compreender os padrões) de dados, auxiliando na tomada de decisões fundamentais para a sobrevivência da organização.

Semelhante às estatísticas, *data mining* não é apenas modelagem e previsão, nem mesmo uma mercadoria que pode ser comprada, uma vez que é um ciclo ou processo de solução de problemas que deve ser dominado pela organização.

O maior desafio é definir o objetivo exato de um *data mining* bem-sucedido, por se tratar exclusivamente de um problema de comunicação. É obrigatório que os analistas de dados entendam exatamente aquilo de que a organização precisa. Até os algoritmos mais avançados não conseguem identificar o que é mais importante.

De maneira simplista, o que se planta se colhe, ou seja, se houver entrada de dados e informações ruins, o resultado será ruim. Outra parte essencial em *data mining* é o pré-processamento de dados ou a preparação de dados. Uma questão relevante é que as decisões de qualidade, provenientes de processo de *data mining* de qualidade, retornam dados de qualidade, os quais nem sempre estão prontos para a mineração de dados no mundo real.

A parte considerada mais crítica do processo de *data mining* está ligada à análise dos dados e ao correto uso de técnicas de *software* na busca de padrões e regularidades em conjuntos de dados. O computador, nesse processo, passa a ser o responsável por encontrar os padrões e identificar as regras e os recursos contidos nos dados.

O *start* do processo de análise ocorre com um conjunto de dados com uso de metodologia que desenvolva uma representação, considerada ideal, da estrutura dos dados durante a qual o conhecimento é adquirido. Após a aquisição do conhecimento, isso pode ser ampliado para conjuntos maiores de dados, supondo que o conjunto maior de dados tem uma estrutura semelhante à dos dados da amostra anteriormente adquirida. Podemos fazer uma analogia com uma operação de mineração para a execução da qual grandes quantidades de materiais são filtradas para que se encontre algo de valor.

2.4.2 *Business intelligence*

Toda a cadeia de organização dos dados nos leva ao que chamamos de *business intelligence*: de dados às informações, de informações a conhecimento, de conhecimento a decisões e de decisões a ações (Laudon; Laudon, 2014). Exemplos de decisões são:

- promover o produto PR na região RG;
- enviar mala direta às famílias do perfil PF;
- promover a venda cruzada dos produtos M e N aos clientes K.

Como podemos observar, um dos grandes desafios para as organizações é saber como passar dos dados ao conhecimento. Nesse contexto, com *data mining*, as organizações podem analisar o histórico de comportamento de seus clientes a fim de tomar decisões estratégicas para o futuro.

2.5 Tomada de decisão executiva em ambientes turbulentos sob incerteza e risco

A incerteza, um fenômeno presente no ambiente da maioria das organizações, afeta suas escolhas e decisões, em especial às das chamadas *startups*. Tanto Eric Ries (2012), autor do livro *Startup enxuta*, quanto Steve Blank (2007), autor de *Quatro passos para a epifania*, definem *startups* como empresas com um modelo de negócios escalável e repetível em ambientes de extrema incerteza.

Encontrarmos constantemente, no campo da gestão, estudos que tratam do fenômeno da incerteza. Isso se deve ao alto custo que trazem a falta de entendimento e a incerteza que ocorrem na tomada de decisões organizacionais. Normalmente, esses custos aparecem em resultados imprevistos, efeitos negativos ou oportunidades perdidas.

Uma vez que o ambiente de negócios costuma ser muito instável, criam-se incertezas nos gestores. Esse cenário de incerteza se apresenta na forma de: (a) incapacidade de determinar a probabilidade de eventos futuros; (b) falta de informações sobre as relações de causa e efeito; (c) incapacidade de prever com precisão as implicações da decisão etc.

Laudon e Laudon (2014) definem incerteza como a percepção do indivíduo sobre a incapacidade de prever com precisão, que se deve principalmente ou à falta de dados suficientes para antecipar corretamente ou ao senso de incapacidade de distinguir entre dados relevantes e irrelevantes.

Embora muitos gestores usem os conceitos de incerteza e de risco de modo intercambiável, há diferenças sutis entre ambos:

- A incerteza é um termo amplo e cobre riscos.
- O risco existe quando dois ou mais estados são possíveis e a probabilidade de cada um deles pode ser determinada com segurança.

- *A incerteza é usada nos casos em que a informação é insuficiente e as observações são irregulares.*
- *Existe uma profunda incerteza quando a conclusão do conhecimento é fraca.* (Laudon; Laudon, 2014, p. 364)

Com base nisso, podemos tratar a incerteza como a complementaridade do conhecimento, ou seja, como a lacuna entre o que sabemos e o que precisamos saber para tomarmos as decisões corretas.

2.5.1 Processo de tomada de decisão

Os riscos e as incertezas são características constantes no processo de tomada de decisões em qualquer ambiente organizacional.

Laudon e Laudon (2014) argumentam que, para que obtenham sucesso em um futuro imprevisível, as organizações devem elaborar estratégias práticas baseadas em múltiplas escolhas que respondam às exigências de diferentes futuros possíveis, e não em um único compromisso estratégico.

Diante desse cenário, podemos dividir o processo decisório em quatro etapas:

- **Antecipação:** *envolve a identificação dos fatores determinantes da mudança ou das forças que estão moldando o futuro, a identificação de possíveis cenários de futuro e a decisão de quais cenários de futuro são plausíveis ou com as maiores chances de ocorrência.*
- **Formulação:** *inclui o desenvolvimento de uma estratégia ideal para cada cenário e a identificação dos elementos principais – comuns – e dos elementos contingentes – circunstanciais – dessas estratégias.*
- **Acumulação:** *inclui a decisão de se comprometer com os elementos principais de uma estratégia e aceitar as opções dos elementos contingentes.*
- **Operação:** *envolve a implementação e o monitoramento das opções estratégicas.* (Laudon; Laudon, 2014, p. 366, grifo do original)

Mais um dos grandes desafios que as organizações enfrentam é desenvolver análises sistemáticas que ampliem a compreensão da relação entre a incerteza e o desempenho organizacional, principalmente quando as organizações buscam gerenciar e aprender com as situações de crise. O foco no curto prazo limita a capacidade das organizações de desenvolver estratégias econômicas para lidarem com as futuras crises.

Até aqui, compreendemos que a IoT permite que as organizações estreitem o relacionamento com os clientes, além de gerenciar de maneira mais eficiente a força de trabalho, melhorando sobremaneira os próprios produtos, serviços e processos. Também verificamos a importância de realizar uma boa gestão de projetos e de saber como trabalhar com dados. A seguir, destacaremos que a inovação envolve equipes que sejam multidisciplinares com foco no desempenho e na inovação.

Capítulo 3

Gestão de negócios IoT e valor para o cliente: segurança, qualidade, agilidade e sustentabilidade

Conteúdos do capítulo:

- Criatividade e inovação.
- Gestão de arquitetura IoT.
- Análise de disponibilidade e interoperabilidade.

Após o estudo deste capítulo, você será capaz de:

1. conceituar criatividade e diferenciá-la de inovação;
2. definir gestão da arquitetura IoT;
3. realizar análise de disponibilidade e interoperabilidade.

As equipes de alta *performance* são aquelas que

> *possuem elevada competência e comprometimento com as suas atividades e com a empresa. Essas equipes são compostas por pessoas que compartilham da mesma visão, valores e objetivos; que sabem unir o que há de melhor em cada um e, através desse mix de conhecimentos, bagagens e ideias, conseguem levar a organização a melhores resultados.* (Siteware, 2018)

O trabalho em equipe colabora para os projetos de novos produtos. Essas equipes de desenvolvimento de produtos devem ser preferencialmente multidisciplinares, compostas por diferentes áreas funcionais. Participar da idealização e do desenvolvimento de novos produtos exige um esforço conjunto focado nos indivíduos, os agentes da criatividade.

É muito importante que as organizações lidem com a criatividade e a gestão de equipes multidisciplinares, principalmente objetivando o processo de inovação. Outra discussão diz respeito aos projetos centrados no cliente, os quais requerem a plena percepção de suas necessidades.

São quase que ilimitados os benefícios da IoT e as aplicações que têm como base essa tecnologia está transformando o dia a dia das pessoas, proporcionando economia de tempo e de recursos, oferecendo novas oportunidades de crescimento, inovação e geração de conhecimento. As organizações também podem gerenciar seus ativos, otimizando o desempenho e desenvolvendo novos modelos de negócios. Os projetos de inovação são criados para interconectar dispositivos que atuem como facilitadores, habilitando uma sociedade conectada ao extremo. É bastante evidente a associação da IoT aos sistemas cibernéticos, tecnologias baseadas em *cloud*, *big data*, *machine learning*, entre outras. O sucesso da IoT está atrelado aos projetos de desenvolvimento do ecossistema com apoio de equipes multidisciplinares, em que são cruciais questões como identificação, confiança, privacidade, segurança e interoperabilidade.

As organizações, obrigatoriamente, precisam de um constante fluxo de ideias, que resultem em valor agregado, como as tecnologias emergentes que proporcionam o rápido desenvolvimento de novos produtos e serviços. A manutenção da competitividade na nova economia exige uma rápida adaptação às constantes mudanças das demandas do mercado. O não atendimento "aos variados requisitos dos clientes em potencial pode levar à perda de competitividade" (Seleme; Paula, 2013, p. 80). Como resposta a essa demanda, inúmeras organizações têm demonstrado sua capacidade de criar ambientes que proporcionam a criatividade e a inovação de modo sistemático.

3.1 Criatividade e inovação

> *Podemos analisar a criatividade sob diversas perspectivas. Desde traços de personalidade individuais que facilitarão a geração de novas ideias, processo de geração de novas ideias, resultados de processos criativos e ambientes propícios a novas ideias e comportamentos.* (Academia Pearson, 2011, p. 4-5)

Com base nas diversas perspectivas que carrega, podemos resumir *criatividade* como a capacidade de gerar novas e valiosas ideias para produtos, serviços, processos e procedimentos, ou seja, a capacidade de produzir um trabalho que seja ao mesmo tempo novo e útil. No entanto, vale dizer, não podemos confundir criatividade com inovação.

Podemos associar inovação a mudanças intencionais, como uma atitude que reflete a capacidade de imaginar o que não existe ou um processo com diferentes estágios que se estendem de uma ideia até sua implementação. De acordo com a Academia Pearson (2011, p. 69-70), inovação

- *É a recombinação de ideias existentes.*
- *É o processo organizacional central para renovar e otimizar a geração e a entrega de produtos.*
- *Preocupa-se com a introdução de um novo produto ou processo no mercado, os quais interrompem ou fortalecem as competências existentes.*

Podemos conceituar *criatividade* como a geração de ideias e inovação que implica a transformação de ideias em novos produtos ou serviços. Consideramos, então, que *inovação* é a implementação dos resultados da criatividade, ou seja, a criatividade faz parte do processo de inovação.

Organizações inovadoras exploram inúmeras fontes de ideias para novos produtos, tarefa para a qual estimulam a imaginação de seus colaboradores. A participação das equipes multidisciplinares proporciona desenvolvimento dessa capacidade intraorganizacional, criando um papel importante na geração de ideias e na conceituação de novos produtos.

3.1.1 Equipes multidisciplinares de inovação

Soares (2015, p. 17) afirma que as "equipes multidisciplinares, ou multifuncionais, que atuam com inovação podem ser formadas por membros de diversas áreas funcionais, como engenharia, manufatura, marketing etc.". Ressaltamos que as equipes multidisciplinares são temporárias e representam vários departamentos, o que implica diversas fontes de informação e interesses diversos. Existem também as equipes de P&D, cujos componentes são colaboradores do departamento de pesquisa e desenvolvimento, vinculados não a uma inovação específica, mas a uma linha de pesquisa. Normalmente, as atividades que envolvem uma equipe multifuncional não são desenvolvidas em tempo integral, pois ela fora criada com o objetivo de definir, planejar e monitorar determinado projeto. As equipes de P&D são compostas "por membros que tem seu tempo disponibilizado de forma integral e atuam juntos numa mesma problemática por um longo período" (Soares, 2015, p. 17).

3.1.2 Processo de inovação

De acordo com a Academia Pearson (2011, p. 110-111), podemos sintetizar o processo de inovação em dois estágios:

capítulo 3

- Geração das ideias: requer facilitadores que estimulem que as equipes pensem fora da caixa e procurem constantemente novas possibilidades.

- Implementação de ideias: requer direcionadores mais convergentes os quais ajudarão a promover as novas ideias úteis por meio de canais previamente definidos, integrando o plano de inovação no ambiente organizacional.

Nas equipes multidisciplinares, os membros têm maior probabilidade de contribuir com opiniões e perspectivas especializadas, dar sugestões e fazer comentários sob diferentes óticas. Com essas ações, facilitam o processo de geração de ideias. Ao olharmos sob outra perspectiva, é bem provável que esses mesmos membros se fechem em grupos com identidades autoritárias. Se isso ocorrer, alguns membros podem tratar as opiniões de outros membros, em diferentes contextos funcionais, como menos valiosas que as próprias ou podem considerar as opiniões divergentes como impedidoras dos objetivos próprios, dificultando que a equipe multidisciplinar integre as diferentes opiniões e que, consequentemente, implemente a ideia (Academia Pearson, 2011).

3.2 Gestão das equipes multidisciplinares

Encontramos diversos paradoxos no contexto organizacional: controle e permissão, eficiência e flexibilidade, individualismo e coletivismo. Mas é esperado que, diante de tais paradoxos, os gestores tomem a melhor decisão entre eles.

De acordo com a **teoria do processamento de informações** de Vidal e Lomônaco (2017), se o desejo é aumentar a magnitude e a profundidade do processamento inovador de informações,

> as equipes multidisciplinares devem funcionar em contextos que não apenas incluam perspectivas e pontos de vista distintos, mas

também que garantam que as informações possam ser compartilhadas e integradas como orientação coletiva. Dessa forma, os gestores devem respeitar os pontos de vistas de todos os membros da equipe multidisciplinar e, simultaneamente, incentivá-los a se posicionarem diante das diferentes ideias e opiniões dos demais membros. (Vidal; Lomônaco, 2017, p. 45)

Assim, os membros da equipe multidisciplinar podem aprender a se colocar de maneira aberta às várias perspectivas, considerando a variedade de perspectivas alternativas dos demais membros, dispostos a aplicá-las às atividades coletivas. Embora a diversidade de conhecimentos possa gerar várias perspectivas sobre o trabalho, essas diferenças podem produzir importante sinergia, colaborando, assim, com o processo de inovação da equipe multidisciplinar.

3.3 Gestão da arquitetura IoT: sensores, RFID, NFC, processadores, conexão, nuvem, big data

A arquitetura IoT é compreendida por sistemas físico ou virtual, ou mesmo por ambos. É composta de vários objetos físicos ativos, sensores, acionadores, serviços em nuvem, protocolos IoT específicos, camadas de comunicação, usuários, desenvolvedores e a camada corporativa.

Sobre isso, afirmam Machado e Silvério (2019, p. 7):

A gestão da arquitetura de IoT incorpora toda a infraestrutura de rede global composta por recursos autoconfiguráveis com base em protocolos de comunicação padrões e interoperáveis, onde os objetos físicos e virtuais têm identidades, atributos físicos e personalidades virtuais, utilizam interfaces inteligentes e são perfeitamente integradas à rede de informações.

As arquiteturas específicas atuam como um componente dinâmico da infraestrutura da IoT, promovendo a abordagem sistemática de diferentes componentes e resultando em soluções para problemas comuns.

3.3.1 Sensores

Qualquer dispositivo IoT pode dispor de variadas interfaces de comunicação com outros dispositivos, interligados com ou sem fio. Incluem-se aí interfaces com sensores para a entrada e saída de dados, para a conectividade com a internet, de memória e armazenamento e de áudio e vídeo (Taurion, 2013). Também podem ser de tipos variados, como sensores vestíveis, relógios inteligentes, luzes de LED, automóveis e máquinas industriais. Praticamente em quase sua totalidade, os dispositivos IoT geram dados de alguma maneira que, quando processados por sistemas de análise de dados, levam a informações úteis que propiciam a orientação de ações locais ou remotas. Um exemplo são os dados de sensores gerados por um dispositivo de monitoramento de umidade do solo em uma plantação que, quando os processa, determina os horários ideais da irrigação.

3.3.2 Radio-frequency identification (RFID)

> O propósito inicial da IoT foi conectar objetos identificáveis e interoperáveis pela tecnologia RFID. Posteriormente a indústria passou relacionar a IoT com diversas outras tecnologias: sensores, acionadores, dispositivos GPS e dispositivos móveis.
>
> (Rodrigues, Cugnasca e Queiroz Filho, 2009, p. 43)

Esta abordagem busca definir um amplo modelo para a IoT com base na ideia de que o mercado deve passar a adotar de modo abrangente as etiquetas RFID nas modernas plataformas comerciais, objetivando ser bem projetado e aprimorando a visibilidade dos objetos, principalmente os que necessitam de reconhecimento de local e *status*.

3.3.3 Near field communication (NFC)

O conceito *near field communication* (NFC) pode ser traduzido como "comunicação de campo próximo". De acordo com Luna et al. (2017), é uma tecnologia padrão utilizada na conectividade sem fio de curta distância com interações bidirecionais seguras entre dispositivos eletrônicos. As comunicações são estabelecidas de maneira simples, uma vez que não exige configuração pelos usuários. Assim, a NFC "proporciona aos usuários a realização de transações sem necessidade de contato, acesso a conteúdos digitais e conexão a dispositivos eletrônicos" (Luna et al., 2017, p. 85).

NFC é uma tecnologia que evoluiu da combinação de diversas tecnologias de identificação e interconexão sem contato, incluindo RFID. Essa condição habilita que a conectividade seja alcançada com muita facilidade em distâncias de alguns centímetros. Isso pode acontecer com aproximação de dois dispositivos eletrônicos, que podem, então, comunicar-se. Com essa conexão, é possível resolver alguns problemas de identificação e segurança, o que facilita o intercâmbio de informações. A NFC proporciona condições para que sejam simplificados os complexos procedimentos de configuração necessários para algumas tecnologias de longo alcance.

3.3.4 Nuvem

As soluções da IoT que têm como base a nuvem fornecem diversos serviços em tempo real. Esses serviços compreendem a captura, a visualização e a análise de dados, além da tomada de decisões e tarefas relacionadas ao gerenciamento de dispositivos por meio de servidores remotos. Geralmente, esses serviços fazem uso do conceito *pré-pago*, sendo por muitas vezes também gratuitos. Pouco a pouco, os provedores que fornecem serviços de IoT com base na nuvem estão se tornando populares nos diversos domínios de aplicação (Taurion, 2013).

As plataformas IoT com base na nuvem oferecem entrega eficiente dos serviços. "Os dados coletados de sensores são transmitidos para plataformas remotas de nuvem da IoT por meio de um *gateway"*, que é uma camada de vários protocolos de rede. Uma das características dessa opção é que "os custos desses serviços podem ser facilmente medidos por meio do fluxo de dados, monitoramento do processamento de eventos e dos serviços de dados" (Veras, 2015, p. 39).

3.3.5 *Big data*

De acordo com Taurion (2013, p. 29), "praticamente todo ramo de conhecimento humano vai ser intensivo em dados". O autor também descreve que as tecnologias da IoT acabam por gerar diferentes tipos de dados, em volume significativo e a uma velocidade extremamente alta. Para que essa demanda seja atendida, existem plataformas de armazenamento de dados estruturados e não estruturados dependentes da IoT, que combinam as várias bases de dados em um repositório de arquivos que são distribuídos e armazenam e gerenciam eficientemente os vários tipos de dados coletados, incorporando o conceito de *big data* (Taurion, 2013).

3.3.5.1 *Big data e analytics* para IoT

Durante a década de 1990, quando ligávamos a televisão, os noticiários frequentemente informavam a previsão de que vivíamos o início da era da informação. Com o advento da internet, começaram a surgir as primeiras formas de comunicação, como *e-mails* mais rudimentares e *websites* com caixas de texto distribuídas pela tela, algo que levava os formadores de opinião a imaginarem como aquilo revolucionaria a realidade da época (Telles, 2018b).

Como tudo que se inicia, existia, com relação à Era da Informação, uma multidão de incrédulos. Em 1995, já tínhamos acesso à internet por meio de conexão discada nas grandes capitais brasileiras. Embora, no mínimo, algo inimaginável para os jovens de hoje, seus pais conviveram com essa internet desde a adolescência.

Ainda aludimos à Era da Informação, visto que estamos passando por um novo estágio dela, direcionando-nos a uma era completamente nova. Pelo menos três gerações já têm a internet como parte do cotidiano. Atualmente, crianças e jovens tiveram incorporados ao seu processo de aprendizagem ferramentas como vídeos, *websites* e mídias sociais, além de sua comunicação contar com o auxílio de aplicativos de mensagens (Telles, 2018b). É válido também destacar que o entretenimento dessas novas gerações, muitas vezes, envolve algum tipo de equipamento eletrônico conectado.

Essa era específica da informação está ficando para trás. Aqueles que têm em torno de 30 e poucos ou 40 anos sabem do que estamos falando. Trata-se de uma geração que não apenas utilizou a internet nos períodos escolar e universitário para consultas, mas teve o primeiro contato com os aplicativos de mensagens e redes sociais, como ICQ e Orkut (Telles, 2018b). Atualmente, as mudanças proporcionadas pela revolução digital não se restringem ao aumento no volume de informações, atingindo também sua qualidade.

A Era da Informação, em seu cerne, está atrelada a três fatores principais: (1) expansão, (2) armazenamento e (3) transmissão da informação (Telles, 2018b).

Nessas três vertentes, podemos constatar os avanços dos últimos dez anos e como eles superaram exponencialmente os que foram realizados nos anos anteriores: avanços que envolveram dispositivos de armazenamento, nos quais podem ser armazenadas centenas de vezes mais informações e dados do que há uma década, além da velocidade de transmissão e de recepção da informação que progrediu centenas, senão milhares, de vezes.

> *Nos tempos da grande bolha Pontocom, em 2001, a grande maioria dos usuários da rede, que na altura compreendiam não mais do que 5% da população mundial, acessavam dados e informações online com velocidades que variavam entre 28 e 256 kilobytes por segundo – hoje falamos em 100, 200 ou 500 megabytes por segundo.* (Telles, 2018b, p. 72)

Com o advento do 5G, o mundo não será mais o mesmo, uma vez que possibilidades infinitas emergirão. Com a união de 5G, inteligência artificial (AI), internet das coisas (IoT), *blockchain* e *big data*, são feitas promessas de um futuro melhor para todos, com o fortalecimento da conectividade. Essas tecnologias emergentes proporcionam inúmeras oportunidades de negócios.

3.3.5.2 Os 3 ou 7 Vs do *big data*

De acordo com Telles (2018b), atualmente, o *big data* é a chave para a forma como os dilemas e desafios referentes à informação serão conduzidos. O autor explica que a evolução desse corpo de dados provavelmente definirá a forma como as informações serão trabalhadas pela sociedade no futuro, principalmente no que diz respeito a questões como privacidade.

Em 2001, Doug Laney* criou o conceito de **análise tridimensional do *big data***, fundamentado em três variáveis (os três "Vs"): volume, velocidade e variedade (Telles, 2018b). Nessa época, o *big data* ainda não havia se estruturado como uma instituição, sendo reconhecido ainda como um conceito.

De acordo com Devan (2016), atualmente são sete os Vs: volume; velocidade; variedade; variabilidade; veracidade; visualização; e valor.

Os profissionais de marketing enfrentam o desafio de assimilar o grande volume de dados disponível. Todos têm um grande apetite por dados, os quais, no entanto, nem sempre são fáceis de assimilar. Esses dados, geralmente, estão disponibilizados em várias soluções pontuais. É bem provável que haja inconsistências na estrutura de dados que acabam por dificultar a mesclagem dos dados de várias fontes. Provavelmente, os dados não estão disponíveis em tempo real.

Depois de controlar os dados reais, o profissional de marketing deve entender os dados e identificar *insights* acionáveis. Isso é bem mais fácil falar do que fazer. Ter uma única fonte confiável que pode processar todos esses dados é fundamental.

Há algum tempo atrás, a Netflix lançou em seu catálogo um documentário, *Privacidade hackeada*, o qual mostra os bastidores do escândalo que teve o envolvimento da Cambridge Analytica, do

---

* Relatórios e análises da Gartner.

Facebook, na eleição americana. O documentário também alerta sobre os perigos de uma máxima do mundo digital: "quando o serviço é de graça, os dados do consumidor costumam ser o produto final".

A visualização permite que os profissionais de marketing destaquem rapidamente padrões e discrepâncias, economizando muito tempo e facilitando o compartilhamento de *insights* com seus *stakeholders* internos.

3.3.5.3 Exemplos de plataformas analíticas de *big data*

Selecionamos, a seguir, dois exemplos de plataformas que podem ser usadas para administrar dados gerados pela IoT. Veja a descrição de cada uma delas.

Apache Hadoop

Utilizado pela primeira vez pela Yahoo! e pelo Facebook, a Hadoop é uma plataforma de processamento de dados de código aberto que armazena e processa grandes quantidades de dados em um *cluster* de *hardware* comum.

A arquitetura do Hadoop contém vários componentes, dos quais os mais importantes são os sistemas de arquivos distribuídos Hadoop (HDFS) e o modelo de programação MapReduce. O HDFS é usado para armazenar os dados, ao passo que MapReduce é usado para processar esses dados de maneira distribuída. Apesar de suas muitas vantagens, o Hadoop não conta com criptografia no armazenamento e na rede tem uma flexibilidade limitada, sendo considerado inadequado para pequenos conjuntos de dados.

1010data

O 1010data consiste em um banco de dados colunar que lida principalmente com dados semiestruturados, como dados de IoT. Além da visualização de dados, recursos de relatórios e integração, essa ferramenta fornece serviços analíticos avançados, incluindo otimização e análise estatística.

O 1010data também é muito favorável para grandes escalas a infraestrutura. Essa ferramenta também funciona de maneira centralizada e aplica controles de acesso a interagir com sistemas de *back-end*.

3.4 Análise de disponibilidade e interoperabilidade

> *Interoperabilidade é a capacidade de um sistema (informatizado ou não) de se comunicar de forma transparente (ou o mais próximo disso) com outro sistema (semelhante ou não). Para um sistema ser considerado interoperável, é muito importante que ele trabalhe com padrões abertos.*
>
> (Macêdo, 2018)
>
> *Garantir a interoperabilidade mesmo dentro de uma única pilha de IoT não é uma tarefa fácil. Um sistema IoT pode ser a própria definição de um sistema heterogêneo, compreendendo um conjunto amplamente diversificado de dispositivos e recursos coletados em suas múltiplas camadas.*
>
> (Mouserelectronics, 2019)

Os pré-requisitos para uma implementação bem-sucedida da IoT são:

- demanda dinâmica de recursos;
- necessidade em tempo real;
- crescimento exponencial da demanda;
- disponibilidade de aplicativos;
- proteção de dados e privacidade do usuário;
- consumo eficiente de energia dos aplicativos;
- execução dos aplicativos perto dos usuários finais;
- acesso em nuvem aberto e interoperável.

O padrões de "interoperabilidade no mercado de IoT exercem um papel de extrema relevância, em especial para os três principais participantes desse contexto: os usuários, os desenvolvedores de soluções e os fabricantes de equipamentos" (Poetas.IT, 2016).
De acordo com Magrani (2018, p. 173-174),

> Os usuários são aqueles que efetivamente consomem a maior parte dos produtos e, eventualmente, ficam presos a determinados fabricantes por ausência de compatibilidade entre os produtos.
>
> Os desenvolvedores de soluções são os que possuem maior interesse de padronização de protocolos e padrões abertos, porque o custo de desenvolvimento de soluções é multiplicado pela quantidade de padrões ou plataformas que precisam ser suportadas. Por isso, as alianças são normalmente compostas por grandes players, desenvolvedores e fabricante.
>
> Já os fabricantes se uniram em alianças para fomentar a definição de padrões abertos e estratégias de interoperabilidade para satisfazer as necessidades dos desenvolvedores de soluções. Ainda assim, horizontais pouco exploradas como low-power wide area network (LPWAN) continuam dominadas por padrões proprietários.

Destacamos a engenharia humana na determinação das funções e das atividades e possibilidades que cada equipamento conectado pode vir a exercer. Embora já existam o *hardware* e o *software* para conectar "coisas", buscar o potencial máximo de uso da IoT depende muito da conectividade e da criatividade humana. Boa parte dessa criatividade faz uso de redes móveis. No próximo capítulo, vamos abordar um pouco mais sobre esse tema.

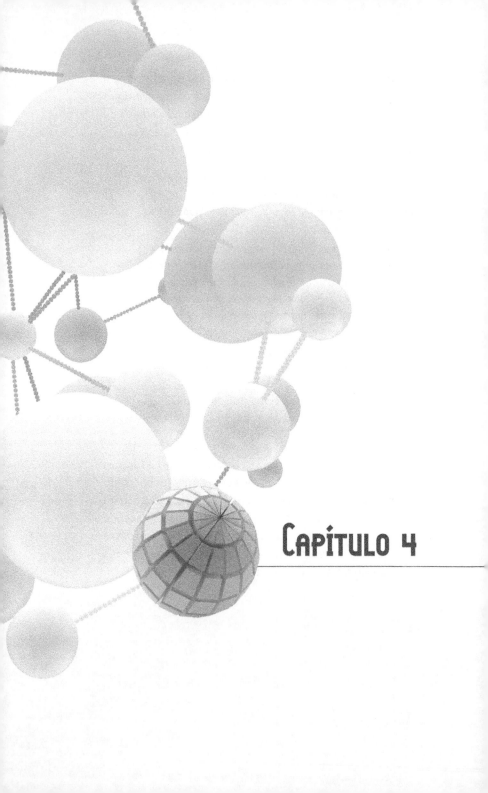

Capítulo 4

Características das redes móveis

Conteúdos do capítulo:

- IoT e mobilidade.
- Inteligência artificial.
- Transmissão da informação.

Após o estudo deste capítulo, você será capaz de:

1. compreender como a IoT afeta a mobilidade;
2. estabelecer a relação entre IoT e inteligência artificial;
3. identificar como ocorre a transmissão da informação com a IoT;
4. entender questões relacionadas ao armazenamento da informação.

O desenvolvimento da tecnologia promovido pelas redes móveis é, de acordo com o alcance das ondas ou sinais e características técnicas de cada rede, composto de quatro principais generalizações:

1. *pervasive network* (PAN)
2. *local area network* (LAN)
3. *metropolitan area network* (MAN)
4. *wide area network* (WAN)

As redes dinâmicas móveis

> que remontam o [sic] conceito de uma rede ponto a ponto (P2P) com aplicações com baixo grau de dependência dos sites e mais autônomas aderentes à descentralização das informações e mais relacionadas à comunicação direta com outros dispositivos ou serviços disponíveis no ambiente.
>
> As características de comunicação em rede mais conhecidas e utilizadas da categoria das Redes PAN (Pervasive Área Network) estão representadas nas tecnologias BlueTooth (tipo de conexão utilizado em dispositivos portáteis e móveis), IrDA (Infravermelho), RFID (RadioFrequency Identifications) e o UWB (Ultrawideband). (Paes, 2014, p. 803)

O sistema de funcionamento RFID, "um dos tipos de comunicação mais conhecidos das redes PAN, é composto por três elementos: uma antena, um leitor (similar ao do caixa de um supermercado) e um transmissor (correspondente à etiqueta do produto a ser identificado)" (Paes, 2014, p. 803).

As redes LANs (*local área network*) tratam da conexão com alcance de até 100 metros, sendo geralmente utilizadas para ambientes internos, com a proposta de conexão para acesso à internet por meio de ondas semelhantes às de rádio, que podem ser enviadas pelas tecnologias Wi-Fi.

Por sua vez, as redes MANs (*metropolitan area network*) são uma versão mais abrangente que a anterior, uma vez que oferecem maior capacidade de transmissão apropriada para cobertura de grandes áreas como as cidades nas frequências de 2,5 Ghz, 3,5 Ghz,

10,5 Ghz e 5,8 Ghz (livre), conforme definido pela Agência Nacional de Telecomunicações (Anatel), entidade reguladora.

Como evolução do grupo da rede MAN, podemos relacionar as tecnologias WiMesh e MobileFi.

A tecnologia WiMesh utiliza os sistemas sem fio das redes Wi-Fi/WiMax. A infraestrutura da rede WiMesh é composta por várias antenas com capacidade de cobertura menor que o WiMax e maior que o Wi-Fi.

Por fim, as redes WANs (*wide area network*) representam a evolução dos padrões da telefonia celulares conhecidas no mercado.

Um ambiente de interoperabilidade proporcionará benefícios ao mercado das empresas de *software* e usuários graças ao alcance dos dispositivos, proporcionando novas dinâmicas de fluxos das informações e modelos de negócio.

4.1 Como a internet das coisas afeta a mobilidade

De acordo com Telles (2018b), os problemas que envolvem mobilidade urbana, como trânsito, preços altos de passagens aéreas e dificuldade de controlar prazos no âmbito do comércio internacional, são relativamente recentes.

Existem pontos de muitas discussões e poucas resoluções que envolvem a logística e a mobilidade. Ao falarmos de IoT, relacionando-a à mobilidade, o que surge em primeiro plano são as *bikes* que contam com itens de rastreamento e conexão mediante uso de celulares ou os famosos automóveis autônomos. Empresas como Google, Tesla e mesmo a GM disputam esse mercado de carros que não necessitam de alguém dirigindo.

Telles (2018b, p. 42) abre um questionamento:

> Mas será mesmo que a questão da mobilidade se resume ao conforto ou até mesmo à "preguiça" de dirigir ou conduzir, sob uma esfera extremamente individual? A realidade é que, a despeito do quanto prezemos nosso tempo – e odiemos o quanto somos obrigados a ficar estagnados e presos no trânsito, tanto em cidades quanto estradas – o problema da mobilidade é e sempre foi algo coletivo. Experiências recentes no próprio país mostraram que, em alguns casos, a redução da velocidade máxima permitida, um quesito individual, na verdade pode elevar a velocidade média de fluxo.

Sem entrar em peculiaridades técnicas e matemáticas, podemos dizer que essas conclusões são possíveis com o uso de uma análise de dados sem precedentes. O tão falado *big data*, sobre o qual voltaremos a tratar em diversas ocasiões nesta obra, colhe dados individualizados de veículos, pedestres, semáforos e, até mesmo, de fatores climáticos, horários de trens e metrôs e médias de horários de entrada e saída de trabalhadores. Com esse amontoado de informação, algoritmos operam e retornam dados de enorme simplicidade.

Analisando o futuro dos transportes, verificamos que ele está mais ligado a dados do que a tecnologias extraordinárias, como aqueles veículos futurísticos que flutuam ou os trens que rompem a barreira do som. Logicamente, as novidades não serão poucas, mas o que realmente vai impactar nosso cotidiano será a inteligência utilizada na interpretação e no monitoramento de dados nos transportes.

Na logística comercial e internacional, isso já ocorre há décadas. Em diversas cidades, os sistemas de monitoramento e administração de tráfego já são uma realidade. Há, por exemplo, o controle em tempo real dos semáforos, realizado de maneira remota, que possibilita alterar o tempo de abertura e de fechamento do sinal conforme o fluxo de veículos, de modo a evitar congestionamentos. O uso de câmeras instaladas em cruzamentos e semáforos, combinado com sensores de movimento instalados nas ruas, também permite controlar melhor o tráfego (Telles, 2018b).

capítulo 4

4.2 Inteligência artificial (IA)

Os avanços recentes da inteligência artificial alavancaram situações que vão desde robôs e computadores que são capazes de realizar diálogos simples a máquinas poderosas que possibilitam o processamento de bilhões de dados por segundo, trazendo respostas que emulam, além da inteligência humana, a capacidade de articulações em muitos aspectos.

No entanto, ao contrário de inúmeros pensamentos, a verdadeira IA não foi concebida para "copiar" o cérebro humano. Um dos objetivos da IA é a capacidade de criar uma forma de pensar coletivamente, quase um "consciente coletivo". Como explica Telles (2018b), ela tem a capacidade de realizar tarefas humanamente impossíveis, como coletar dados de milhares de indivíduos simultaneamente. O autor aponta que, mesmo apresentando uma capacidade rudimentar de abstração, as conclusões que podem ser obtidas mediante o uso da IA são alarmantes.

Telles (2018b) apresenta um possível exemplo: imagine que, ao entrar em uma loja de computadores, pudéssemos, em questão de segundos, fazer um levantamento mental de todas informações existentes sobre os *laptops* disponíveis na loja, de modo a compará-los e obter a relação do melhor custo-benefício.

Para os seres humanos, é praticamente impossível ter acesso a essa quantidade de informações de maneira rápida. Mesmo que pudéssemos melhorar nossas decisões com disponibilidade de tempo para avaliar e comparar um número substancioso de opções, não nos seria permitido aproveitar toda a informação disponível em razão de nossa capacidade de assimilação, memória e mesmo localização no tempo-espaço. Entretanto, a IA pode fazê-lo.

AIoT: Quando a inteligência artificial (IA) encontra a internet das coisas (IoT)

A IoT é uma tecnologia que nos ajuda a reimaginar a vida cotidiana, mas a IA é a verdadeira força motriz por trás de todo o potencial da IoT. Desde suas aplicações mais básicas de rastreamento de nossos níveis de condicionamento físico até seu amplo potencial em todos os setores e planejamento urbano, a crescente parceria entre IA e IoT significa que um futuro mais inteligente pode ocorrer mais cedo do que pensamos.

Os dispositivos IoT usam a Internet para comunicar, coletar e trocar informações sobre nossas atividades *on-line*. Todos os dias, eles geram 1 bilhão de GB de dados.

Até 2025, estima-se que haja 42 bilhões de dispositivos conectados à IoT em todo o mundo. É natural que, à medida que esses números de dispositivos cresçam, as faixas de dados também cresçam. É aí que a IA entra em cena – emprestando seus recursos de aprendizado à conectividade da IoT.

A IoT é capacitada por três tecnologias emergentes principais:

- **inteligência artificial (IA)**: funções e sistemas programáveis que permitem que os dispositivos aprendam, raciocinem e processem informações como humanos;
- **redes 5G**: redes móveis de quinta geração com alta velocidade e latência quase zero para processamento de dados em tempo real;
- **big data**: enormes volumes de dados processados de várias fontes conectadas à internet.

Juntos, esses dispositivos interconectados estão transformando a maneira como interagimos com nossos dispositivos em casa e no trabalho, criando a AIoT (inteligência artificial das coisas) ao longo desse processo.

Em termos práticos, a IA não substituirá a capacidade humana de abstração, pelo menos não por enquanto. Muito pelo contrário, nosso diferencial é que, por mais que não tenhamos de ter preocupações com a coleta e a organização da informação nas tomadas de decisões, poderemos fazer uso de nossa abstração e inteligência emocional na criação de soluções melhores, mais rapidamente, de maneira mais humana.

capítulo 4

4.3 Transmissão da informação

Uma vez que cada vez mais dados e informações são coletados e armazenados, há, portanto, um maior volume de transmissão de dados. Em nosso cotidiano, operadoras e empresas de telecomunicações participam de uma disputa nessa corrida pela rapidez de conexões e bandas: 3G, 4G, 5G e, desde já, podemos falar em 6G.

Mesmo que o crescimento e o aumento da velocidade não aparentem ser um problema, continuamos com dificuldades na desigualdade de condições de acesso existente entre os variados públicos. Isso pode vir a complicar as comunicações, visto que a diferença de velocidade oferecida por cada tipo de conexão pode criar falhas e ruídos na comunicação entre dois pontos (Telles, 2018b).

São considerados como o terceiro fator de definição na Era da Informação a transmissão e seu alinhamento e balanceamento em âmbito global. Entretanto, com o advento da web 2.0, as criações de mídias que interagem não são feitas unicamente com "mídias", uma vez que podemos utilizar objetos e ambientes, começando a desenhar uma próxima era.

Para que um dispositivo seja enquadrado dentro do conceito de IoT, a primeira característica que pode ser identificada é a relação entre o poder de processamento e a capacidade de comunicação.

O poder de processamento define como os dispositivos podem executar tarefas computacionais e algoritmos. Já a capacidade de comunicação define como os dispositivos podem se conectar às redes de comunicação, divididas entre baixa e alta capacidade de conectividade.

4.4 Informação e imaginação

Em um mundo em que temos informações disponíveis a todo o momento, em todos os lugares e acessíveis a todos, pode-se dizer que a era da imaginação nada mais é do que a associação dessa produção massiva de informações ao pensamento *smart*, considerando-se os mecanismos de IA e os padrões atuais de *big data* (Telles, 2018b).

Quando nos deparamos com essas informações, surge o gatilho para a criação de valor e de novos empreendimentos. Quando pensamos no futuro, devemos pensar de modo diferente da visão de um inventor que se enclausurava em uma garagem e ficava elaborando planos somente compreendidos por ele. Segundo Telles (2018b), pensar sobre o futuro significa analisar de maneira diferenciada as informações obtidas, geralmente mediante a análise de problemas existentes, para que eles possam ser solucionados. Isso permite a criação de valores e benefícios tanto na esfera individual quanto na social. Conforme esclarece o autor, os preconizadores da Era da Imaginação indicam que o motor da economia é a capacidade humana de imaginar e criar modelos mentais mediante o uso da informação.

Quando pensamos nas funcionalidades e no próprio modelo de negócios das empresas mais bem-sucedidas do mundo atual, o conceito torna-se ainda mais claro:

- *Google – busca de informações e páginas na internet, com monetização por meio da priorização de anúncios a partir da busca de palavras-chave.*
- *Facebook – rede de relacionamento e postagem de conteúdo de usuários, com monetização também a partir de anúncios exibidos conforme características do perfil de cada usuário.*
- *Dropbox – armazenamento de arquivos e documentos de forma remota. Monetização a partir do "aluguel" de espaço maior de armazenamento.* (Telles, 2018b, p. 85)

Esses exemplos apresentam como o serviço ou o produto em si não é o foco do valor que é remunerado no modelo de negócios.

> *O valor intrínseco está na inteligência que tais empresas imprimem à forma com que oferecem e mantêm esses serviços. O Google oferece um público que compreende praticamente todo o mundo, por isso pode cobrar por anúncios em sua plataforma. O mesmo ocorre com o Facebook – 99% das novas ferramentas e*

capítulo 4

funcionalidades não possuem custo, apenas pretendem manter o público usuário interessado e ativo, para que anúncios possam ser vendidos.

Finalmente, o Dropbox oferece uma série de comodidades extras em relação a um pendrive ou HD externo, porém apenas cobra seus serviços com base no "tamanho" do espaço que é contratado.
(Telles, 2018b, p. 85-86)

Quando pensarmos em funcionalidades disponibilizadas na busca do Google, devemos ter em mente que elas são tão gratuitas quanto a criação de perfis no Facebook. Por sua vez, no Dropbox, do plano mais básico até o mais avançado, as características encontradas no serviço são idênticas e, por fim, não adicionam custo ao produto.

4.5 Expansão da informação

Todos nós ouvimos, quase diariamente, noticiários destacando que mais informação foi produzida no mundo nos últimos meses do que em toda a história da humanidade. Não se trata de um exagero.

"Tente pensar as coisas de forma simples, apenas considerando a si mesmo enquanto mais uma das pessoas que, cotidianamente, utiliza a internet. Cada um de seus posts em redes sociais é uma informação que será transmitida e armazenada, cada e-mail, cada mensagem em apps ou via SMS" (O que são..., 2020).

Pense em cada ligação que fizer, vídeo que filmar ou fotografia que tirar. Pense que sua posição é constantemente medida e usada por *softwares* e sistemas para a atualização de mapas e aplicativos sobre o trânsito. Alguns dos jogos que usamos durante viagens de trem ou metrô geram mais informação.

Ainda que você não seja um *heavy user*, ou seja, ainda que você seja apenas mais uma pessoa conectada em uma rotina diária, fatalmente vai ter gerado algumas dezenas de megabytes de informação ao final do dia.

Para imaginar de maneira mais "física",

> basta dizer que, se você utiliza em seu computador um HD de 1 Tera, a informação gerada no mundo em apenas um dia seria suficiente para encher 2,2 milhões de HDs como o seu.
>
> Esse é o chamado "Big Data" – estima-se que quase 90% de toda informação já gerada pela humanidade tenha sido gerada apenas nos últimos dois anos.
>
> Big data é um termo em evolução que descreve qualquer quantidade volumosa de dados estruturados, semiestruturados ou não estruturados que têm o potencial de ser explorados para obter informações. O conceito de big data se aplica na capacidade de transformar dados brutos em gráficos e tabelas que permitam a compreensão da enormidade de informações levantadas. (Telles, 2018b, p. 73)

Com mais de 2 bilhões de pessoas conectadas no mundo, portanto, estamos falando de mais de 2 mil petabytes.

4.6 Armazenamento da informação

Estamos vivenciando como as tecnologias avançam a passos largos. Atualmente, os dispositivos de armazenamento têm capacidades que vão de 10 a 1.000 vezes mais que as dos dispositivos da década passada, parecendo, ainda assim, não ser suficiente. Apesar de esse armazenamento não ser físico e, a princípio, a nuvem parecer suprir essa necessidade, há limite de espaço para armazenamento de dados até mesmo no mundo virtual (Telles, 2018b).

Com base nesse cenário, Telles (2018b) afirma que, para se planejar um futuro *smart*, mais do que coletar informações, é preciso pensar de modo inteligente em como armazená-las.

capítulo 4

Termos e assuntos anteriormente utilizados, como *binário*, *disciplinas de programação* e *lógica de computação*, atualmente fazem parte do cotidiano de nossos jovens e crianças. É uma nova fronteira que vai além dos limites pessoais, colocando os objetos "falando" entre si, envolvendo pessoas e organizações, com economia de tempo, dinheiro e até vidas. No próximo capítulo, vamos abordar questões sobre um mundo mais inteligente sob ótica da IoT.

Capítulo 5

Smart: um planeta mais inteligente

Conteúdos do capítulo:

- *Smart cities*, mobilidade, serviços públicos e infraestruturas IoT urbanas.
- Novos modais urbanos.
- Indústria 4.0, integração de máquinas e integração otimizada de cadeias.

Após o estudo deste capítulo, você será capaz de:

1. compreender as principais aplicações da IoT nas *smart cities*;
2. identificar o papel da IoT frente aos novos modais urbanos;
3. reconhecer as áreas de aplicação da IoT na Indústria 4.0.

A internet das coisas (IoT) potencializa um mundo mais inteligente, no qual os dados têm um peso cada vez mais importante para as organizações. Em vez de mera tendência, passa a estar em todo os lugares e em inúmeras aplicações.

As *smarts factories*, ou as chamadas *fábricas inteligentes*, são representantes diretos da quarta revolução industrial ou, como é conhecia, da Indústria 4.0, impulsionando processos fabris mais inteligente.

Tem como característica a integração de dados de produção em tempo real com sistemas preditivos de gerenciamento de estoque e compras e por utilizar *machine learning* na análise automática dos dados coletados por sensores e dispositivos de monitoramento IoT embarcados em equipamentos identificando oportunidades de ganhos de eficiência.

As organizações estão sendo ajudadas pelas mais avançadas tecnologias para digitalizar as próprias fábricas e ser protagonista dessas tecnologias de IoT. Utilizando-se da conectividade e de sensores, a IoT proporciona informações em tempo real sobre as condições físicas da fábrica e de toda a cadeia de suprimentos. Combinando isso com a análise de dados e fazendo uso de novas tecnologias e uma rede de alta velocidade, as organizações do ramo industrial estarão aptas a controlar de maneira mais precisa seus recursos, aumentando a eficiência na produção.

Atualmente, as indústrias sofrem forte pressão ao terem de gerenciar as cadeias de suprimentos globais cada vez mais complexas e os novos modelos de logística. Fora isso, os clientes estão cada vez mais exigindo produtos que sejam personalizados, e, ao mesmo tempo, sua fidelidade se torna mais difícil diante da intensificação da concorrência.

5.1 Smart cities: mobilidade, serviços públicos e infraestruturas IoT urbanas

Existe muita expectativa para que a implantação dos diversos serviços inteligentes venha a incentivar o desenvolvimento de novas tecnologias, cada vez mais necessárias no enfrentamento aos desafios da hiperpopulação urbana, além de questões emergentes da saúde pública, do envelhecimento da população, da proteção ambiental e mudanças climáticas. As tecnologias IoT têm exercido papel fundamental no avanço de soluções para esses problemas.

Ocorrerá transformação em automação e gerenciamento nas organizações que investirem um alto capital na intensificação da IoT. Vários modelos de gerenciamento de produtos e de recursos têm oferecido soluções de alto custo e baixa conectividade e desempenho. Há a tendência de que esse cenário mude com a entrada no mercado de novos sistemas de alto desempenho que sejam capazes de suportar a conectividade à internet e à nuvem, além de gerenciar de maneira preditiva os recursos. Modelos inovadores de computação em nuvem, análises e tecnologias de agregação possibilitam a aplicação de análises de modo mais abrangente, transparente e de baixo custo a esses recursos. O resultado disso é o aumento do potencial de transformar radicalmente produtos, canais e modelos de negócios das organizações. Essas soluções criarão disrupções nos negócios e oportunidades em todos os segmentos. As oportunidades nas organizações surgirão para reverter os modelos de negócios já estabelecidos, respondendo de maneira célere às necessidades dos clientes, além de aumentar a participação em setores que não podem ser atendidos economicamente com as ofertas atuais: cidades inteligentes, mobilidade, redes inteligentes de serviços públicos, veículos inteligentes, serviços médicos inteligentes etc.

Então, a IoT poderá contribuir com as arquiteturas baseadas nos serviços inteligentes, tentando garantir a pronta entrega de informações sob demanda, aplicando um grau maior de inteligência para operar, aplicar políticas, monitorar e se autorrecuperar quando isso for necessário. Ocorre por meio de interações seguras e contínuas e mediante a cooperação de sistemas inteligentes com base em infraestruturas de comunicação heterogêneas.

A tendência é que a densidade populacional urbana aumente significativamente nas próximas décadas, o que resultará em cerca de 2/3 da população mundial vivendo nas grandes cidades (Cunha; Przeybilovicz; Macaya, 2016). Os territórios urbanos precisam, desde já, adaptar-se a essa condição, a fim de garantir uma qualidade de vida que corresponda às expectativas dos cidadãos, mantendo sua atratividade econômica e turística. A otimização dos recursos, os serviços aos cidadãos, o transporte e a assistência médica são alguns dos principais problemas que precisam ser discutidos e implementados.

Em época de pandemia, novos cenários podem surgir, inclusive nas questões que envolvem a densidade demográfica, que pode, em algum momento, enfrentar um revés diante de novas atividades, como o *home-office*.

5.1.1 Smart cities

O desenvolvimento de corredores urbanos fazem surgir megacidades. Se isso continuar, na evolução das cidades, será exigido que estas utilizem os chamados *recursos inteligentes*: economia inteligente, edifícios inteligentes, mobilidade inteligente, energia inteligente, planejamento inteligente, cidadão inteligente e governança inteligente (Benicio, 2018).

As operações do dia a dia e a criação de estratégias de desenvolvimento das cidades inteligentes vão ocorrer por meio do uso da IoT. Logo, as cidades e seus serviços representam uma plataforma ideal para as pesquisas da IoT.

Quando falamos de *smart city*, ou "cidade inteligente", estamos nos referindo àquela que é capaz de monitorar e integrar as condições de todas as suas infraestruturas críticas, incluindo estradas,

capítulo 5

pontes, túneis, ferrovias, metrôs, aeroportos, portos, comunicações, água, energia e até grandes edifícios, buscando otimizar a aplicação de seus recursos, planejar suas atividades de manutenção preventiva e monitorar a segurança (Cunha; Przeybilovicz; Macaya, 2016). O foco de tudo isso está na maximização dos serviços, a fim de torná-los "mais sustentáveis, inteligentes e eficientes nas esferas: social, ecológica, política e econômica" (Benicio, 2018, p. 142). É possível ampliar a tomada de decisão da Administração Pública com a utilização de sistemas avançados de monitoramento e sensores inteligentes integrados, proporcionando a coleta e a avaliação dos dados em tempo real.

Segundo o Banco Interamericano de Desenvolvimento (BID, 2016), a definição de *smart city* é a seguinte:

> *uma Cidade Inteligente é aquela que coloca as pessoas no centro do desenvolvimento, incorpora tecnologias da informação e comunicação na gestão urbana e utiliza estes elementos como ferramentas que estimulam a formação de um governo eficiente, que engloba o planejamento colaborativo e a participação cidadã, estabelecendo dessa forma uma visão de longo prazo.*

Se pensarmos em um prazo mais longo, os sistemas das cidades inteligentes estarão habilitados a monitorar suas próprias condições e, com isso, executar autorreparos, de acordo com as necessidades do momento. Poderemos monitorar o ambiente físico, o ar, a água e as áreas verdes de maneira não invasiva para que sejam obtidos um melhor ambiente, com mais qualidade de vida e de trabalho, integradas à limpeza, à eficiência e à segurança.

Nesse contexto, podemos prever que tudo deve estar conectado e interligado para que as pessoas possam usufruir desses benefícios. Embora nossos olhares devam estar atentos para os serviços e produtos *on-line*, também é preciso considerar diversos aspectos mais práticos de gestão, como economia, questões de gastos públicos, mobilidade e ubiquidade, até a facilidade de se locomover para outros países.

5.1.2 Mobilidade inteligente

Normalmente, os estudos contemporâneos sobre mobilidade são concentrados na busca da melhoria das condições de tráfego que ocorre em uma cidade. Entretanto, os aspectos relativos à mobilidade em uma cidade inteligente não devem restringir-se unicamente aos problemas de tráfego. Essa atenção ao tráfego decorre do processo de expansão das cidades, resultando em uma cidade estruturada policêntrica, com ligações descentralizadas, dispersas e fragmentadas. Com essas alterações, ocorre uma maior dependência do veículo particular diante do aumento das distâncias e da escassez do transporte público em áreas de baixa densidade populacional (Leite, 2015).

O impacto em alguns pilares de uma cidade inteligente é resultante da importância da mobilidade, como sustentabilidade, economia e moradia, questão vital para os cidadãos e os governos municipais. Podemos apontar uma diferença significante entre *mobilidade* e *mobilidade inteligente*. Esta é a acessibilidade do público às informações em tempo real, poupando tempo e melhorando as condições de viagem, economizando dinheiro e reduzindo as emissões de CO_2, além de conectar e orientar os modais de transporte para melhorar os serviços e fornecer informações aos cidadãos (Benicio, 2018). Podemos afirmar, então, que o conceito de mobilidade inteligente é a base da transformação inteligente das cidades.

5.1.3 Serviços públicos e infraestruturas urbanas

Para ampliarmos o conceito de cidades inteligentes, é necessário visualizar em tempo real todos os aspectos da vida urbana. Podemos conseguir isso com a utilização das redes sem fio de grande amplitude que viabiliza a conectividade entre uma imensa rede de dispositivos IoT, como sensores e medidores inteligentes de geração de dados heterogêneos. A correta análise dessas informações permitirá uma tomada de decisão eficaz, orientada por dados, propiciando, assim, o aprimoramento do gerenciamento dos diversos recursos e serviços públicos da cidade (Cunha; Przeybilovicz; Macaya, 2016).

As cidades inteligentes com base em IoT estão revolucionando o planejamento urbano e facilitando a vida dos cidadãos por meio do aumento da eficiência, da qualidade e da acessibilidade dos serviços públicos. Cunha, Przeybilovicz e Macaya (2016, p. 25-26) citam que alguns exemplos disso são os aplicativos conectados a soluções de IoT:

- **Transporte público inteligente**: coleta e análise dos dados de transporte público pela IoT e, com base nisso, tomada de decisões que resulte na redução de atrasos, otimização de rotas e horários, predição e agendamento de manutenções, além do aumento da confiabilidade do serviço de transporte público.
- **Tráfego inteligente**: utilização de sensores IoT para monitorar o fluxo de veículos e pedestres a fim de controlar o tráfego e otimizar dinamicamente as rotas. Atualizações em tempo real e alertas para os motoristas sobre atrasos podem, também, diminuir sensivelmente o tempo de viagem – economia de tempo e dinheiro.
- **Estacionamento inteligente**: evita a perda tempo à procura de vagas de estacionamento, diminuindo desperdícios de tempo, combustível e emissões de gases. A implantação de sensores inteligentes em estacionamentos e em parquímetros permite que os motoristas se dirijam diretamente à vaga disponível mais próxima e façam a opção de pagamento mais conveniente.
- **Sinalização inteligente**: IoT para a emissão de notificações e avisos em tempo real sobre a situação do local – atualizações de tráfego e meteorológicas, anúncios personalizados e notícias sobre eventos na cidade.

As tecnologias de IoT tem impacto positivo na vida urbana, oferecendo melhor qualidade de vida e sustentabilidade ambiental.

5.2 Smart home: privacidade, economia, sustentabilidade e valor para o cliente

Ultimamente, os eletrodomésticos têm sido os principais responsáveis pelo aumento do consumo de eletricidade. As redes de eletricidade se ampliam, e uma quantidade maior de combustível é consumida. Ao mesmo tempo, o aumento da escassez dos recursos hídricos em todo o mundo e dos custos da água tem levado consumidores residenciais a adotar estratégias de conservação, além das constantes propostas de governantes referentes a novas políticas de consumo de recursos naturais. A sugestão dos ambientalistas, por sua vez, cobram soluções sustentáveis, e os pesquisadores exploram novas tecnologias capazes de reduzir o consumo de água e eletricidade (Martins; Almeida; Calili, 2017). No cenário atual, os moradores de uma residência necessitam de instalações residenciais modernas no sentido de melhorar seu bem-estar social, mas, ao mesmo tempo, têm forte preocupação quanto à redução desses gastos. Sem dúvida, os eletrodomésticos inteligentes surgem no mercado em um momento em que os consumidores necessitam de soluções sustentáveis (Martins; Almeida; Calili, 2017).

5.2.1 Smart home

Smart home, ou "casa inteligente", é, na realidade, a versão estendida da automação predial, em que estão envolvidos o controle e a automação de toda a tecnologia nela incorporada. Refere-se a uma residência que tem sistemas de iluminação, aquecimento, ar condicionado, TVs, computadores, sistemas de entretenimento, eletrodomésticos, sistemas de segurança com câmeras, entre outros. Esse aparato tecnológico faz uso da IoT e é capaz de se comunicar entre si e ser controlado remotamente e por meio de um agendamento programado, um telefone, um celular ou da internet. Esses sistemas são formados por "comutadores e sensores conectados a um *hub* central controlado pelo morador usando um terminal de parede ou unidade móvel conectada a serviços de nuvem na internet" (Cunha, 2018, p. 8).

Segundo Martins, Almeida e Calili (2017), a casa inteligente pode oferecer segurança, eficiência energética, redução das despesas operacionais, além de muita comodidade. Os sistemas utilizados são adaptáveis às dinâmicas e necessidades dos moradores da residência. Em sua maioria, a infraestrutura é flexível o suficiente para se integrar a uma ampla quantidade de dispositivos de diferentes padrões e fornecedores. A arquitetura básica de uma casa inteligente habilita a medição das condições ambientais da residência e o processamento de dados coletados por meio de sensores e atuadores IoT embarcados nos eletrodomésticos.

A popularidade e a penetração do conceito de casa inteligente estão crescendo em um ritmo acelerado, tornando-se parte essencial da modernização e da redução dos gastos residenciais (Cunha, 2018).

5.2.2 Economia, sustentabilidade e valor para o cliente

Mesmo que consumir energia não seja algo negativo, o modo como produzimos atualmente a maior parte de nossa energia não tem sido econômica, muito menos sustentável. A redução do uso de energia e a mudança de hábito para evitar horários de pico e reduzir a necessidade de altas capacidades de produção são identificadas como pontos-chave para a eficiência energética (Alam et al., 2012; Badica et al., 2013; Wong; Li, 2009, citados por Martins; Almeida; Calili, 2017).

Inúmeras iniciativas estão sendo desenvolvidas para enfrentar esses desafios, como dispositivos IoT interligados por meio de sistema de computação em nuvem. Ressaltamos que a automação e a otimização por si sós não são suficientes e podem gerar mais problemas do que soluções. A promoção de mudanças nos padrões de comportamento e consumo e o uso das TIC desempenham um papel importante ao facilitar essa transição e capacitar o usuário. Não podemos gerenciar o que não podemos medir (Drucker, 2017), e as TIC são capazes de fornecer soluções que permitem verificar o consumo e podem fornecer os meios para otimizar sistemas e processos para torná-los mais eficientes e sustentáveis.

Resumindo, as tecnologias IoT conectam as pessoas com seu ambiente. Por meio de sensores interconectados, o ambiente pode ser controlado de modo a propiciar um comportamento sustentável.

5.3 Smart health: inteligência artificial e controle e monitoramento de pacientes em tempo real

Diante da ampliação da longevidade da população e aos elevados custos da assistência médica hospitalar, tanto os governos quanto a iniciativa privada passaram a reconhecer a importância da criação de sistemas de saúde mais eficientes (Cunha; Przeybilovicz; Macaya, 2016). Pesquisas têm sido realizadas para buscar desenvolver a convergência dos serviços de saúde: da análise de dados, da comunicação em rede – com e sem fio, dos sistemas embarcados e da segurança da informação. Em conjunto com essas tecnologias, "aparecem em destaque os dispositivos médicos implantáveis (DMI), cuja finalidade é facilitar a prevenção não invasiva, o diagnóstico precoce e o tratamento continuado de da saúde das pessoas" (Moreira, 2014, p. 6-7).

A proliferação das tecnologias IoT e a adoção de novos paradigmas de computação e rede (nuvem) possibilitam o desenvolvimento de sistemas por inúmeros dispositivos heterogêneos de detecção e computação, revolucionando, assim, muitos serviços, especialmente os de saúde, e oportunizando a substituição dos sistemas médicos hospitalares tradicionais por sistemas baseados em DMI, conectados à internet, processo com base no qual se cria uma nova era da saúde inteligente (smart health).

capítulo 5

Segundo Benites (2016, p. 108-109), *smart health* trata, "além do uso clínico, da utilização de DMI para coletar, armazenar e processar vários tipos de dados fisiológicos durante as atividades cotidianas de uma pessoa". Esses sistemas inteligentes podem contar com a conectividade sem fio, recursos externos e armazenamento em dispositivos próximos ou em nuvem para informar aos médicos quais são as condições de saúde de um paciente. Assim, podemos compreender que a assistência médica inteligente é feita com base em uma abordagem proativa de detecção precoce e até mesmo de prevenção de doenças. Ela possibilita que médicos prestem toda a assistência aos seus pacientes no próprio ambiente doméstico, onde podem ser acompanhados e monitorados de maneira contínua por meio de vários dispositivos IoT, conectados à internet, proporcionando a redução da necessidade de internações e dos custos com saúde, além de melhorar a qualidade de vida dos pacientes.

O mercado de dispositivos de monitoramento da saúde tem como característica a busca por soluções específicas de aplicativos que não são interoperáveis entre si e são formados por diferentes arquiteturas. A IoT pode apresentar-se como uma solução eficiente nos tratamentos clínicos, para os quais os pacientes hospitalizados que requeiram maior atenção podem ser monitorados constantemente por métodos não invasivos e, assim, controlados pela IoT. Esse processo ocorre por meio de sensores de coleta de dados fisiológicos, de *gateways* e da nuvem, onde são realizados a análise e o armazenamento dessas informações para, na sequência, enviar os dados analisados aos profissionais de saúde para conhecimento e eventuais revisões.

Essas técnicas ampliam consideravelmente a qualidade do atendimento, com a vantagem de termos atenção constante além da redução do custo. Com esse processo, torna-se praticamente desnecessária a presença de um profissional no processo de coleta e análise dos dados. Podemos utilizar essas soluções IoT na captura dos dados de saúde do paciente, com relativa segurança, mediados por uma considerável variedade de sensores e pela aplicação de algoritmos complexos de análise de dados, para, então, compartilhá-los de maneira muito rápida com médicos que podem analisá-los e fazer as recomendações cabíveis (Benites, 2016).

5.3.1 Controle e monitoramento de pacientes em tempo real

Os aplicativos IoT têm sido responsáveis pelo impulsionamento do desenvolvimento de plataformas que implementam sistemas de ambientes de vida assistida, cuja função é oportunizar serviços de assistência às atividades diárias, de monitoramento da saúde, de melhoria da segurança e da proteção, de acesso a sistemas médicos e de emergência, oferecendo um rápido atendimento para os casos emergenciais.

O objetivo desses aplicativos é melhorar a qualidade de vida das pessoas que necessitam de suporte ou monitoramento permanente e diminuir as barreiras no processo de monitoramento de importantes parâmetros de saúde, reduzindo custos e evitando esforços desnecessários em assistência médica, além de fornecer todo o suporte médico no momento necessário (Cunha; Przeybilovicz; Macaya, 2016). A IoT desempenha um papel importante nos aplicativos de assistência médica, do gerenciamento de doenças crônicas até a prevenção de doenças.

Logicamente, não podemos esquecer que existem inúmeros desafios quanto à infraestrutura tecnológica, aos processos especializados na interseção entre o controle e a detecção, na agregação de sensores, na tomada de decisão e na segurança. De maneira geral, boa parte dos equipamentos médicos não foi projetada para a interoperação com outros dispositivos ou sistemas computacionais e necessita de avanços nas redes e na comunicação distribuída. A interoperabilidade entre os sistemas parece ser a chave para o sucesso. De acordo com Rocha et al. (2016, p. 165), a segurança de todo o sistema é uma questão crítica, pois a comunicação de dados dos pacientes é feita por redes de comunicação. Além disso, as tecnologias de controle e monitoramento de pacientes em tempo real precisarão ser projetadas para operar com a participação mínima do paciente (Rocha et al., 2016).

5.4 Onde está o *smart* no campo energético?

Entre as questões nas quais devemos concentrar nossas atenções nos próximos anos está a de fazer uso de recursos renováveis, como as energias solar e eólica, as correntes oceânicas e o calor do subsolo, a fim de que seja possível garantir a vida no planeta.

Entretanto, mesmo que existam iniciativas bem intencionadas por parte do governo, que envolvam construção ou licitação de projetos de energia limpa, elas ainda são reativas. Nesse sentido, de acordo com Telles (2018b), em virtude de acordos internacionais e determinadas certificações de competitividade, alguns países têm investido em matrizes alternativas, mesmo que não se identifique, a princípio, um pensamento *smart*. Essas cobranças impostas, geralmente por meio de leis, acabam sendo cumpridas minimamente pelo mercado, apenas no limiar da obrigatoriedade, conforme ressalta o autor.

Tantos já são os alertas de cientistas de todo mundo que, se continuarmos usando desenfreadamente os recursos energéticos globais como fazemos, em pouco tempo grande parte deles estará esgotada, razão pela qual será muito difícil reverter esse quadro.

No campo da geração de energia, quando se aplica o termo *smart*, geralmente se pensa no consumidor final ou no próprio mercado desse setor, conforme ressalta Telles (2018b). No entanto, como elucida o autor, há vários pontos intermediários nessa cadeia, além de já haver possibilidades de revolução na oferta de energia em virtude do acesso que alguns consumidores substanciais, como grandes empresas e o agronegócio, têm a algumas ferramentas e a determinados conceitos.

De acordo com Telles (2018b, p. 59), o conceito de *smart energy*, sob a luz da internet das coisas, não pode ser compreendido pela ótica dos *gadgets* para uso individual – é preciso olhar as coisas sob outros vieses:

- Pessoas físicas e consumidores residenciais, tipicamente, respondem por não mais do que 10% ou 15% de toda a demanda energética no mundo
- A tecnologia capaz de criar um uso mais inteligente da energia, ao contrário do que muitos pensam, tem seu ponto focal na distribuição de energia
- Informação, para o sistema de geração, transmissão e distribuição de energia, é tão ou mais relevante que o uso de matrizes sustentáveis para o segmento.

Logicamente, tecnologias e soluções simples em escala residencial são parte do movimento de aplicação da IoT na área de energia. Soluções que abraçam sensores de presença e controles de redes residenciais por meio de aplicativos têm ajudado na redução do consumo de energia:

- **Lâmpadas *smarts***: se você não tiver todo o seu imóvel conectado, pode fazer uso dessas luzes, inclusive ganhando algumas funcionalidades extras. A mais simples é ligar ou desligar a iluminação de sua casa de qualquer lugar, utilizando seu dispositivo móvel, desde que esteja conectado à internet, auxiliando, assim, na economia de energia.
- **Tomadas inteligentes**: um dos mais importantes benefícios dessa tecnologia é que ela pode controlar o fluxo de energia, trazendo uma economia na sua conta de luz. As tomadas inteligentes vêm com entrada para cabo USB, habilitando o carregamento de qualquer equipamento que tenha essa opção.
- **Interruptores inteligentes**: funcionam como diversos outros equipamentos inteligentes, sendo acionados por movimento, sensor de presença e por meio de comandos no *smartphone*. São essenciais para aqueles que querem economizar energia.

Curiosamente, todas essas novidades que vislumbramos no uso de campos e em seu efetivo controle partiram da visão do cientista Nikola Tesla, há mais de 100 anos. Esse cientista desenvolveu estudos e, principalmente, especulou muito do que hoje se cogita nos campos do eletromagnetismo, dos circuitos e dos sistemas sem fios (Telles, 2018b).

5.4.1 Smart grid e smart utility: integração de geração e distribuição e modelos disruptivos

É sabido que a tecnologia vem transformando nosso modo de viver. Entretanto, a modernização da rede elétrica, a principal responsável por suprir toda a energia para residências, escolas, locais de trabalho, hospitais etc., não tem acompanhado satisfatoriamente esse ritmo. Uma possível solução para o desenvolvimento do setor elétrico é chamada de *smart grid*.

5.4.1.1 Smart grid

Para Benicio (2018, p. 3), *smart grid*, ou "rede inteligente", é "uma rede de elétrica baseada em tecnologia digital usada para fornecer eletricidade aos consumidores por meio da comunicação digital bidirecional". Esse sistema permite o monitoramento, a análise, o controle e a comunicação dentro de uma cadeia de suprimentos. O objetivo é melhorar a eficiência, reduzir o consumo e o custo de energia, maximizando a transparência e a confiabilidade da cadeia de suprimentos de energia. A rede elétrica inteligente foi pensada com o intuito de solucionar as fraquezas das redes elétricas convencionais por meio de um intensivo monitoramento de suas operações (Benicio, 2018).

É reforçado pela autora que a IoT desempenha um papel fundamental nas redes elétricas inteligentes, permitindo a transferência de dados entre os vários componentes do sistema com extrema eficiência. A prevenção de blecaute e a redução de energia são as principais aplicações da IoT em uma rede elétrica inteligente. A IoT, aliada às avançadas tecnologias de detecção, torna-se essencial na redução dos impactos de desastres naturais, na melhoria da confiabilidade das linhas de transmissão de energia e na redução da perda de energia. Para que uma rede inteligente alcance uma conectividade de excelência entre os usuários e as aplicações, serão necessários vários componentes, entre os quais os sensores, medidores de energia e inversores inteligentes para energia solar, controles de monitoramento da rede, alimentadores de subestações e interfaces de rede etc. Todos esses componentes devem funcionar de maneira coletiva, objetivando a transferência de dados com precisão em tempo real (Benicio, 2018).

5.4.1.1.1 Geração e distribuição

Normalmente, as redes de geração e distribuição de energia existentes operam sob forte pressão em razão de diferentes necessidades do meio ambiente, dos consumidores e do mercado, bem como das questões de infraestrutura existentes.

Segundo Benicio (2018, p. 159), como resultados de pesquisas e desenvolvimento, os recursos inteligentes dessas redes têm firmado suas bases nos seguintes aspectos:

- *Digitalização: Plataforma digital exclusiva para detecção, medição, comunicação, computação, controle, proteção, visualização e manutenção rápidas e confiáveis de todo o sistema.*

- *Flexibilidade: Capacidade de expansão futura com a penetração de tecnologias inovadoras, a adaptabilidade a várias localizações geográficas e climas, as estratégias de controles descentralizados entre subestações e centros de controle e a compatibilidade entre os diversos padrões de operação de mercado e a capacidade plug-and-play de modo a garantir as atualizações necessárias de hardware e software.*

- *Inteligência: Autodiagnóstico do estado de operação da rede por meio das análises online em tempo real. A regeneração do sistema aumenta a segurança da rede por meio de esquemas coordenados de proteção e controle.*

- *Resiliência: Fornecimento de eletricidade aos consumidores de maneira segura e confiável em caso de falhas ou riscos externos/internos. Uma rápida autorrecuperação permite que a rede se reconfigure automaticamente e se recupere de ataques, desastres naturais, blecautes ou falhas dos componentes.*

capítulo 5

- **Sustentabilidade:** A alta da demanda de eletricidade deve ser atendida com recursos energéticos alternativos e acessíveis, com a economia de energia por meio da tecnologia na entrega de eletricidade e na operação da rede, além de mitigar o congestionamento da rede. As tecnologias a serem empregadas devem ser menos poluentes, levando em consideração o meio ambiente e as mudanças climáticas.

- **Customização:** O projeto da rede deve considerar as necessidades ao consumidor, sem a perda das funções e da interoperabilidade das operadoras. Deve também atender aos consumidores com mais opções de consumo de energia, proporcionando uma melhor relação qualidade x preço.

É crucial o atendimento dessas necessidades, pois isso impulsionará as atuais redes de geração e distribuição a expandir e aprimorar suas funções a fim de se tornarem serviços inteligentes.

5.4.1.2 Smart utility

Smart utility, ou "serviço inteligente", é "considerado a combinação dos serviços de energia, elétrica e gás, e de água que fazem uso de dispositivos IoT conectados à rede. Esses dispositivos têm por função coletar dados que, após analisados, permitem ações que resultem uma prestação de serviços mais eficiente e confiável" (Monzoni; Nicolletti, 2015, p. 93).

As *smart utilities* simbolizam um dos pilares do conceito de cidades inteligentes, pois auxiliam uma área urbana a ser mais sustentável, mais responsiva a fenômenos, tanto os provocados pela natureza quanto pelos humanos, além de serem mais saudáveis para os cidadãos. As operações das empresas de serviços públicos estão se tornando cada vez mais digitalizadas e inteligentes. Têm ampliado a capacidade de coleta de dados sobre o consumo dos consumidores e resultado na prática de preços dinâmicos, gerenciando suprimentos e analisando as necessidades futuras de recursos. Entre os dispositivos IoT utilizados em uma *smart utility* estão "medidores inteligentes e equipamentos solares que possibilitam compras de energia em tempo real, serviços de conexão e desconexão rápida, monitoramento e economia de geração de energia" (Monzoni; Nicolletti, 2015).

Com base nesses serviços inteligentes, as organizações podem reduzir seus gastos com energia, diminuindo as emissões de carbono e adquirindo mais energia de fontes renováveis. Os dispositivos que se utilizam de tecnologia de IoT, tais como medidores inteligentes, possibilitam que as organizações de serviços públicos possam substituir as leituras manuais e os faturamentos estimados por leituras automatizadas e faturamentos precisos.

Concessionárias dos serviços de eletricidade, gás e água passam de um controle arcaico, centralizado de produção e distribuição, para sistemas mais modernos, híbridos distribuídos. Se vislumbrarmos as questões financeiras, verificamos substanciais oportunidades de reduzir custos e, inclusive, abrandar a emissão de carbono. Esses sistemas inteligentes de energia vão demandar computação distribuída e o gerenciamento remoto de dispositivos, que possa vir a garantir integridade e a segurança dos dados no mais alto nível. Ligado a tudo isso, encontramos a IoT, agindo no monitoramento remoto dos medidores, no controle de carga em tempo real e no gerenciamento dinâmico dos preços e das redes, buscando reprimir o furto de eletricidade, melhorando o gerenciamento de voltagem, promovendo o rápido restabelecimento da energia por meio de uma tecnologia segura, centrada em dados.

5.4.1.3 Tecnologia *Energy 4.0* e novos modelos de negócios na geração e distribuição

Podemos observar uma crescente conscientização dos governos sobre a necessidade da mudança de paradigma das políticas de fornecimento, consumo e infraestrutura de energia. Há um entendimento de que o suprimento futuro de energia não será mais feito com base nos recursos fósseis. Outro questionamento diz respeito à energia nuclear, que também não desponta como uma opção à prova do futuro. Diante desse cenário, o suprimento de energia para o futuro necessita ser amplamente realizado com base em recursos renováveis, contexto em razão do qual as pessoas devem refletir sobre o comportamento de consumo de energia.

De acordo com Benicio (2018), o suprimento de energia necessita de uma rede elétrica inteligente e flexível, que tenha capacidade de reagir a flutuações de energia, controlando as fontes de energia elétrica (geração e armazenamento), a distribuição (carga e armazenamento) e a reconfiguração adequada, quando necessária. Essas funções podem ser executadas por dispositivos inteligentes em rede, como equipamentos eletroeletrônicos domésticos e elementos da rede de infraestrutura, amplamente com base nos conceitos de IoT (Benicio, 2018).

5.4.1.3.1 Energy 4.0

Já sabemos que a IoT é a conexão de objetos do cotidiano do mundo físico à internet. Uma de suas funções é transmitir inteligência aos dispositivos e equipamentos fazendo uso de sensores e *softwares* conectados em rede pela internet. Disponibilizar acesso à energia limpa a baixo custo à população é prioridade global, razão pela qual diversos países no mundo estão esboçando esforços para atingir esse objetivo. A utilização da IoT na energia pode vir a revolucionar os sistemas de energia existentes na tarefa de atender às demandas globais de energia.

De acordo com Benicio (2018), o conceito de *Energy 4.0*, ou energia inteligente, carrega em si a implementação ou implantação de automação de rede inteligente, medição inteligente, microrredes, fontes renováveis de energia e integração de recursos de energia distribuída à rede, compartilhamento e negociação de energia por meio do desenvolvimento de tecnologia de plataforma de energia inteligente com base em IoT – ou seja, é uma nova forma das empresas de energia e serviços públicos negociarem, envolvendo seus clientes e interagindo com eles. Resumindo, a *Energy 4.0* representa uma revolução digital no setor de energia.

Quando vislumbramos a IoT no contexto da *Energy 4.0*, ela é representada por uma rede de dispositivos que podem conectar-se, interagir e trocar dados entre si por meio de uma conexão via internet. Entre os diversos serviços possíveis, destacamos:

- **Monitoramento *on-line* de linhas de energia**: o objetivo é resolver problemas de confiabilidade. As unidades de controle monitoram o sistema e usam os dados para lidar com as falhas da rede.

- **Medição inteligente**: o principal componente das redes inteligentes. Envia de modo digital as leituras do medidor ao fornecedor de energia. Assim, as redes inteligentes podem detectar anomalias de uso e tomar as medidas necessárias remotamente.
- **Gerenciamento da eficiência energética**: gerenciamento dos recursos energéticos baseado na demanda dos consumidores, ajustando a demanda dos picos de carga, diminuindo o custo de operação e eletricidade, reduzindo a perda de energia e mitigando as emissões de gases de efeito estufa. A IoT coleta dados sobre a demanda de energia e os transferem para os medidores inteligentes. A unidade de controle modifica o cronograma de distribuição de energia de acordo com as necessidades dos consumidores.
- **Integração de fontes de energia distribuídas**: dispositivos IoT coletam dados por meio de sensores sem fio, os quais permitem a previsão da disponibilidade de energia futura, com suas possíveis flutuações.
- **Recarga de veículos elétricos**: agendamento de carregamento de energia para veículos elétricos.
Os sensores coletam dados sobre o tipo de veículo elétrico, o estado da bateria, a configuração etc. (Benicio, 2018).

5.4.1.3.2 Novos modelos de negócios em geração e distribuição

As novas oportunidades que surgem com a *Energy 4.0* destinam-se a oferecer às empresas a possibilidade de estabelecer novos modelos de negócios, além de estratégias sustentáveis de produção e fornecimento de energia. Diante dos novos cenários, a demanda mundial de energia elétrica está em franco crescimento, o qual tende a continuar nas próximas décadas. Com isso, a infraestrutura de energia atual sofrerá um aumento considerável na carga.

De acordo com Benicio (2018), as redes de energia futuras estão sendo planejadas para que possam operar na forma de diversas fontes e usinas de energia de pequeno e médio portes distribuídas, embora com a capacidade de serem combinadas virtualmente. Além disso, caso ocorra falta de energia ou desastres, certas áreas podem ser isoladas da rede e supridas por fontes de energia internas, tais como a energia fotovoltaica nos telhados, as usinas de calor e a energia em bloco ou armazéns de energia de uma zona residencial (Benicio, 2018).

O desafio na habilitação dessas tecnologias está no projeto e na implantação de uma infraestrutura de um sistema de energia que seja capaz de gerar e distribuir eletricidade sem blecaute. Deverá ser um sistema suficientemente flexível para permitir o fornecimento de energia, que ocorra de maneira heterogênea e seja imune a manipulações acidentais ou intencionais. À medida que incorporamos novas tecnologias e novos sistemas, a segurança passa a ser fator de preocupação primordial, a fim de diminuir a vulnerabilidade do sistema e proteger os dados das partes interessadas. Esses desafios também precisam ser enfrentados pelos aplicativos de IoT que integram tecnologias heterogêneas. Trataremos mais sobre segurança e IoT no Capítulo 6.

De acordo com Monzoni e Nicolletti (2015), existe uma tendência de que as *smarts grids* em desenvolvimento implementem um novo conceito de rede de geração e distribuição que seja capaz de rotear com eficiência a energia produzida com base em plantas concentradas e distribuídas até o usuário final, com altos padrões de segurança e qualidade de fornecimento. O modelo em questão se assemelha à internet, em que o pacote de energia é gerenciado de modo semelhante à dos pacotes de dados, por meio de roteadores e *gateways* que podem decidir de modo autônomo o melhor caminho para o pacote chegar ao seu destino com os melhores níveis de integridade (Monzoni; Nicolletti, 2015).

Essa nova referência de geração e distribuição de energia é composta de uma infraestrutura de rede com base em transceptores, *gateways* e protocolos de comunicação padrão e interoperáveis que possibilitarão um equilíbrio em tempo real entre a capacidade local e global de geração e distribuição com a demanda de energia. Também será permitido um alto nível de conscientização e envolvimento do consumidor. É um novo conceito, inovador, para a geração e distribuição de energia e o monitoramento e comunicação da rede. Isso permitirá que unidades de energia sejam transferidas quando e onde for necessário (Monzoni; Nicolletti, 2015). O monitoramento do consumo de energia será realizado em todos os níveis, desde dispositivos individuais locais até os âmbitos nacional e internacional.

5.5 Smart factory: processamentos central e distribuido, agilidade, qualidade e produtividade

De acordo com Sacomano (2018, p. 33), a IoT se apresenta "muito relevante nas operações de acesso a dispositivos e máquinas, principalmente no contexto dos sistemas de fabricação". Essa evolução permite forte penetração da TI nesse setor, principalmente nos sistemas de fabricação digitalizados. Com a IoT, as fábricas podem fazer uso de um complexo de aplicativos capazes de ser executados em torno da produção. Pode variar da conexão da fábrica à rede inteligente, no compartilhamento das instalações de produção como um serviço, ou mesmo permitir maior agilidade e flexibilidade em seus sistemas de produção (Sacomano, 2018). Assim, o sistema de produção figura como um novo ecossistema para uma produção mais inteligente e eficiente, ou seja, *smart factory*.

5.5.1 Implementação da *smart factory*

Inicialmente, devemos iniciar nossa caminhada em direção a uma fábrica inteligente compartilhada, liberando a permissão do acesso às partes externas envolvidas para que ocorra a plena interação com o sistema de fabricação com base na IoT. As partes envolvidas são:

- os fornecedores de ferramentas de produção, máquinas, robôs etc.;
- a logística de produção, fluxo de material, gerenciamento da cadeia de suprimentos etc.;
- a manutenção e a reposição de ferramentas e equipamentos.

Essa é uma arquitetura baseada em IoT, que poderá desafiar a pirâmide de automação de fábrica, hierárquica e fechada, permitindo que as diversas partes envolvidas executem seus serviços especializados em um sistema de produção de várias camadas (Silva, 2017). Portanto, os serviços e as aplicações não precisam ser definidos de maneira entrelaçada e estritamente vinculada ao sistema físico, mas executados como serviços em um mundo físico compartilhado. Há muito a ser incrementado em ambiente de inovação para os aplicativos IoT, como nos casos de *softwares* ou aplicativos incorporados que cresceram significativamente desde a chegada dos *smartphones*.

As organizações estão fazendo uso da enorme quantidade de dados disponíveis, da análise de negócios, dos serviços em nuvem, da mobilidade empresarial e muitas outras tecnologias com vistas ao aperfeiçoamento de seus processos de fabricação. Essas tecnologias, portanto, incluem *big data*, *softwares* de análise de negócios, serviços em nuvem, tecnologias embarcadas, redes de sensores, RFID, mobilidade, GPS, segurança e identificação, M2M (*machine to machine*) e rede sem fio (Sacomano, 2018).

Um facilitador para essa manufatura inteligente e ágil baseada nas TIC está na maneira como as pessoas gerenciam e acessam o mundo físico, onde os sensores, os acionadores e, também, uma unidade de produção devem ser acessados e gerenciados de modo semelhante por meio de interfaces e tecnologias padrões de IoT. Esses dispositivos devem fornecer os serviços de maneira estruturada e ser gerenciados para um perfeito funcionamento paralelo por meio de uma infinidade de aplicativos.

A convergência encontrada dentro de um sensor entre a microeletrônica e a micromecânica, a ubiquidade das comunicações, o rápido desenvolvimento da microrrobótica, a personalização proporcionada pelos *softwares*, todos provocarão uma significativa mudança no mundo da manufatura. A ampla difusão das telecomunicações em muitos ambientes revela-se como uma das razões pelas quais esses ambientes assumem a forma de ecossistemas.

Entre alguns dos principais desafios associados à implementação de sistemas híbridos cibernéticos-físicos, estão "a acessibilidade, a integração das redes e a interoperabilidade de sistemas de engenharia" (Silva, 2017, p. 23).

Grande parte das organizações tem dificuldade em justificar os investimentos de risco. Esses investimentos aparecem como dispendiosos e incertos para o segmento de *smart factory*. As alterações na estrutura, na organização e na cultura da manufatura ocorrem de maneira muito morosa, dificultando a integração das tecnologias envolvidas. Os sistemas de controle da era pré-digital são substituídos lentamente, porque inúmeros deles são considerados muito úteis. Não é uma tarefa fácil empreender a modernização das atuais plantas com a implementação de modernos sistemas híbridos cibernéticos-físicos, além de ainda ser significativamente onerosa. Nesse contexto, verifica-se a falta de uma abordagem padrão pela indústria para o gerenciamento da produção, o que resulta na adoção de *softwares* customizados. Urge a criação de uma teoria unificadora de sistemas não homogêneos de controle e de comunicação.

5.6 *Smart retail*: O2O e novos comportamentos de compra dos consumidores

A busca dos consumidores no ambiente digital é uma experiência personalizada, contexto no qual a conectividade é chave para se interligar a qualquer momento, em qualquer lugar, com qualquer dispositivo (Somani, 2015). Outro desafio para o setor varejista é adaptar-se aos gostos e às prioridades de uma população em constante mudança. Ao buscar essas transformações, o setor varejista deve considerar a implantação de dispositivos inteligentes conectados a todas as suas operações.

Nesse cenário em que tudo está vinculado, do rastreamento do estoque até a publicidade, os varejistas podem obter visibilidade de suas operações e conseguir responder com agilidade às mudanças do comportamento dos consumidores.

O avanço constante das TIC tem oferecido ao setor varejista ferramentas e soluções que conseguem otimizar o gerenciamento do estoque, da frota, dos recursos e dos parceiros por meio de análises em tempo real, da reposição automática, das notificações, dos leiautes da loja etc. Associado à IoT, as ferramentas de computação nas nuvens e *big data* têm oferecido aos varejistas uma compreensão precisa de como seus produtos, clientes, afiliados, colaboradores e fatores externos interagem entre si (Somani, 2015).

De acordo com esses autores, os varejistas, quando implantam as tecnologias IoT, avançam um nível na escala da competitividade, pois essa ação direciona o negócio à experiência dos consumidores. São oferecidas experiências digitais aos consumidores, "transformando as suas lojas em um local de entretenimento, porque empregaram avançadas tecnologias, tais como realidade virtual, realidade aumentada, além da de análise de dados" (Somani, 2015, p. 10).

Fica claro o impacto positivo da IoT no setor varejista, desde a melhoria da experiência de compra nas lojas até o aumento dos lucros. Nesse setor, a IoT desenvolve a capacidade de conectar ambas as coisas, proporcionando uma melhor compreensão de quem é seu cliente, como está o desempenho de seus produtos, além de definir novas estratégias de mix de marketing – 4Ps – como forma de interagir eficientemente com seus atuais clientes e, também, com os potenciais.

5.6.1 Novos comportamentos de compra dos consumidores: O2O

A facilidade de acesso à internet e a popularidade dos dispositivos móveis têm criado uma forte tendência que envolve a integração dos comércios *on-line* e *off-line*. Pouco a pouco, os consumidores estão se acostumando a pesquisar informações sobre bens e serviços de forma *on-line* para, então, efetivarem a compra em uma loja física. Essa modalidade de comércio é conhecida como O2O (*on-line* para *off-line*) (Chiang; Lin; Huang, 2018).

Um dos maiores desafios do comércio O2O é o desenvolvimento de estratégias para encontrar consumidores *on-line* e levá-los a uma loja real. Esse conceito nasceu em plataformas de compra de grupos em setores de serviços, tais como alimentação, viagens e entretenimento. Entretanto, tal concepção tem-se estendido à comercialização de bens tangíveis, quando os consumidores fazem seus pedidos nas lojas *on-line* para, posteriormente, buscá-los nas lojas físicas.

Encontramos uma variação do comércio O2O aplicado de maneira inversa, ou seja, do *off-line* para *on-line*, por meio do qual um consumidor, presente em uma loja física, acessa a página *on-line* do produto digitalizando seu QR Code, fazendo o pedido, pagando virtualmente e aguardando a entrega do produto no endereço informado. Somani (2015) demonstra graficamente que a tecnologia QR Code tem-se popularizado cada vez mais e que sua utilização em diferentes locais tem-se apresentado como uma estratégia de *marketing* atraente e inovadora).

O comércio O2O tem contribuído para uma experiência *omnichannel* dos consumidores, ou seja, uma experiência composta de pontos de contato que se forma mediante grande variedade de canais que se conectam plenamente, permitindo que eles iniciem uma operação de compra em um canal e a finalizem em outro (Chiang; Lin; Huang, 2018).

O comércio O2O pode ser visto como aquele em que consumidores utilizam dispositivos móveis, sistemas de informação e terminais inteligentes com base em tecnologias IoT para realizar transações de compra por meio de conexões com a internet. De acordo com Somani (2015), o próximo desafio será integrar os fatores tecnológicos e econômicos a fim de refletir os papéis dos consumidores de O2O. Assim, quando os consumidores praticarem o comércio O2O, estarão desempenhando dois papéis: de usuários das novas tecnologias e de consumidores fazendo compras por meio das tecnologias (Somani, 2015).

5.7 Smart building

Smart building, ou edifício inteligente, combina três aspectos fundamentais: (1) a redução dos custos de operação e manutenção predial; (2) a melhoria do bem-estar dos seus usuários; e (3) a minimização do impacto ambiental da construção, não somente pela redução do consumo de energia e de água e produção de resíduos, mas sobremaneira pela arquitetura sustentável (Cunha, 2018).

Um edifício considerado inteligente tem como principal característica o emprego do *building automation system* (BAS) ou, em português, "sistema de automação de edifícios". De acordo com Coelho e Cruz (2017), o BAS tem por função controlar e monitorar os equipamentos mecânicos e elétricos de um edifício inteligente, tais como os sistemas de energia, de segurança e de incêndio. Nos edifícios tradicionais, esses subsistemas operam separadamente, e a comunicação que ocorre é bastante limitada. Se os dados estiverem armazenados apenas dentro dos limites dos subsistemas individuais, eles não poderão ser plenamente integrados (Coelho; Cruz, 2017). Normalmente são operados por *softwares* exclusivos de fornecedores específicos, dificultando o gerenciamento e a manutenção. Nos casos de falta de integração dos subsistemas, é comum ocorrer a duplicação sensores com as mesmas funções.

Quando falamos de integração de dados em edifícios inteligentes, o tema vai muito além dos equipamentos instalados no interior deles. Os edifícios inteligentes interagem com sistemas de fornecedores de serviços públicos e de emergência, desde serviços de água, eletricidade, gás e reciclagem, entre outros, além de *softwares* dedicados que suportam o gerenciamento de instalações, como SAS, ERP, GIS*, sistema de gerenciamento de condomínio, entre inúmeros outros. Como podemos observar, os edifícios inteligentes vão muito além de um conjunto de sistemas de automação. Esses elementos são os principais responsáveis pela ampla integração de serviços públicos e infraestruturas da cidade, complementando a ideia de cidade inteligente, rede inteligente etc. Nesses serviços podemos utilizar sofisticados algoritmos para controle e diagnóstico avançados, tais como *machine learning* e inteligência artificial (Cunha, 2018).

5.7.1 Construção 4.0

Temos vivenciado um significativo impacto no cenário industrial, em especial o da construção. Como já visto, o termo *Indústria 4.0*, embora praticamente novo, já vem repercutindo significativamente no ramo da construção, do qual deriva o termo *Construção 4.0*, que tem como base a IoT. Nela, a internet integra todas as empresas do setor em um ambiente conectado capaz de controlar máquinas, equipamentos, ambientes de construção e instalações de armazenamento de modo inteligente por meio de sistemas ciberfísicos, compartilhando informações para a tomada de decisões sustentáveis (Coelho; Cruz, 2017).

Coelho e Cruz (2017) também ressaltam que essa revolução organizacional e tecnológica tem sido um grande desafio para o setor, demonstrando o potencial de digitalização dos processos da construção com a disponibilização de dados digitais para acesso *on-line* e viabilizando o processamento automático de tarefas discretas em toda a cadeia de valor. As tecnologias de automação da construção permitem a edificação de edifícios, a construção de componentes, além da fabricação de móveis.

---

* Respectivamente: *statistical analysis system, enterprise resource planning, gerencial information system.*

capítulo 5

No campo da construção tem sido grande a evolução da TI. Algumas iniciativas têm utilizado a IoT com objetivo de combinar fontes diferentes e tipos de dados, acreditando-se que a integração de dados é a chave para a criação de valor. Como exemplo podemos citar uma solução integrada de IoT que faça uso de soluções de cópia simultânea de fluxos de dados para vários destinos, bancos de dados e mecanismos de análise. Outras soluções são os códigos de barras e os assistentes pessoais aplicados em uma estrutura para computação móvel em canteiros de obras (Coelho; Cruz, 2017).

A computação na nuvem proporcionou o que antes era possível apenas por meio de soluções pontuais: fazer parte de uma solução inteiramente integrada utilizando APIs – *application programming interface* (interface de programação de aplicativos), a fim de compartilhar dados entre aplicativos baseados em SOA, *service oriented architectures* (arquitetura orientada a serviço).

O RFID é outra iniciativa já empregada como parte de um sistema de entrega de material e de gestão da qualidade. Por meio da intensidade do sinal recebido, o RFID pode localizar pessoas e materiais dentro de edifícios (Coelho; Cruz, 2017). Outra novidade, advinda dos avanços da robótica, está testando a construção de arranha-céus de vigas de aço com base em robôs.

5.8 Novos "modais" urbanos

Comecemos salientando que alguns desses modais são novos e outros nem tanto. As bicicletas, por exemplo, voltaram à tona mais de um século depois com uma cara e uma filosofia completamente renovadas. Não se trata mais de saúde apenas do ponto de vista individual, mas também coletivo.

Os valores de menor poluição e estilo de vida mais saudável são apenas a ponta do *iceberg* na nova incursão das bicicletas no cenário urbano. Ao mesmo tempo, esse antigo "modal" divide espaço com novos conceitos de uso dos transportes (contexto em que o Uber é apenas a ponta do *iceberg*) e também propostas completamente diferenciadas de infraestrutura de transportes na esfera urbana e interurbana. Da infinidade de novas ideias e novos conceitos que permeiam o mercado da mobilidade urbana hoje, em termos de novos modais ou *rethinking* dos tradicionais, podemos congregar esse novo universo em quatro grupos principais:

1. *Smart transport*
2. Estacionamento e traslados
3. Conectividade
4. Infraestrutura inteligente

5.8.1 Smart transport

As bicicletas são a vitrine do *smart thinking* nas cidades modernas em termos de mobilidade. O Brasil recentemente embarcou na "onda" das ciclovias e ciclofaixas, o que, críticos à parte, tem sido uma tendência mundial que já caminha para um avanço de pelo menos uma década.

O fato é que o transporte em bicicletas é algo comum há mais de 50 anos, especialmente em algumas cidades europeias e também em grandes cidades asiáticas, especialmente na China e no sudeste da Ásia. Entretanto, por décadas, esse transporte era feito de maneira desorganizada. Bicicletas concorriam com outros modais urbanos em nítida desvantagem – o que acarretava acidentes, engarrafamentos, problemas para pedestres e transeuntes e outros.

A bicicleta ressurgiu como uma alternativa de *smart transport* há pouco tempo. As ciclovias e ciclofaixas certamente são parte importante desse renascimento, porém são artefatos de infraestrutura urbana. De acordo com Telles (2018b, p. 49), na esfera mais próxima do indivíduo, o uso da bicicleta envolvia outros problemas:

> **Terreno e relevo**. *Usadas sempre como exemplo, capitais europeias como Amsterdã e Copenhague são cidades quase que totalmente planas, com populações urbanas abaixo de 1 milhão de pessoas e com estruturas de calçamento e ciclovias e faixas existentes há muito tempo. O mesmo não*

ocorre em cidades brasileiras como São Paulo, Brasília ou Belo Horizonte. Distâncias percorridas são maiores, sem infraestrutura extensa e o relevo é acidentado e tortuoso, o que exige tônus de atleta de qualquer cidadão.

- **Orientação.** A navegação em bicicletas é mais complexa – o ciclista não possui o ponto de vista dos demais veículos em termos de sinalização, porém também não compartilha com pedestres a ótica do cenário urbano. Sinalização, mapeamento e orientação precisavam ser constituídas especificamente para ciclistas, mas isso não ocorreu ou ocorre de maneira uniforme.
- **Estacionamento e bicicletários.** Em especial em cidades com altos índices de criminalidade, a bicicleta nunca ganhou tração. A frequência de furtos e roubos é imensa, e, em geral, empresas ou mesmo instituições públicas não dispunham de locais adequados para estacionamento e armazenamento de bicicletas.

Em vez de simplesmente atacar a esfera da infraestrutura urbana, morosa e burocrática, o conceito de *smart transport* afetou o mercado de bicicletas de modo que se focalizasse a solução de problemas.

As bicicletas começaram a fazer parte do mapa da mobilidade urbana, criando espaços para que o relevo e a topografia não fossem mais obstáculos, em um contexto de constante barateamento de bicicletas que fazem uso de tração elétrica de apoio, com a multiplicação e a facilitação de uso dos *kits* utilizados na conversão de bicicletas em veículos híbridos, que são aqueles que usam a tração humana e a elétrica. Nesse contexto, passaram a surgir diversos aplicativos desenvolvidos especificamente para ciclistas. Até mesmo aplicativos como o Google Maps, conforme indica Telles (2018b), atualmente oferecem opções de rotas para esse público.

No mundo todo os bicicletários estão fazendo parte dos artefatos urbanos. São equipamentos urbanos baratos e fáceis de montar e implementar, que, normalmente, passam ao largo dos morosos processos burocráticos licitatórios, proporcionando modificações rápidas e baratas. São disponibilizadas alternativas em alguns pontos de retirada e devolução de bicicletas compartilhadas. No Brasil, essa iniciativa já está presente em diversas cidades. Infelizmente, ocorrem problemas de vandalismo.

Somente as bicicletas, no entanto, não conseguem resolver o problema. Desde quase 20 anos atrás, esse problema da mobilidade urbana já estava se delineando para um direcionamento em comum: utilizar menos veículos – mas a utilização de carros na frota urbana segue em ascensão.

Não sendo suficiente esse problema de a frota estar em crescimento, o avanço geográfico dos grandes centros cria um cenário onde o trabalhador, de classe média em sua maioria, necessita deslocar-se em distâncias ainda maiores para chegar ao seu destino.

De acordo com Telles (2018b), os poderes públicos de diversos países, entre eles o Brasil, têm permitido a transformação de um futuro *smart* em uma ideia simples. Eles podem auxiliar de maneira pontual, mas importante:

- **serviço de Shuttle**: quando alguém faz uso do serviço de transporte da locadora para ir do aeroporto até a sede mais próxima da locadora, para abrir o contrato e retirar o veículo, como Uber Shuttle e Shuttle;
- **serviço de *transfer***: quando alguém efetiva a abertura do contrato no balcão da locadora, mas faz uso do serviço de *transfer* para se locomover até a loja da locadora nas proximidades para efetuar a retirada do veículo, como a Transfer Brasil;
- **empresas de *car sharing***: por exemplo, a Mobi7;
- **aplicativos de carona**: por exemplo, BlaBlaCar, Waze Carpool e Bynd;
- **sistema de busca de passageiros e procura de condutores**: por exemplo, 99 e Uber.

Como aponta Telles (2018b), no setor automobilístico, quando o assunto é rendimento, sustentabilidade e autonomia, as propostas atuais giram em torno de modelos híbridos e elétricos, além de propostas como *car sharing* ou sistemas de *renting* – uma combinação de *leasing* com aluguel. Segundo o autor, essa tendência, que faz parte do conceito de *Smart Cities*, já está presente nas cidades mais modernas da Europa.

5.8.2 Estacionamento e traslados

Boa parte do problema de trânsito nos grandes centros urbanos ocorre não somente em razão do volume de veículos que compõem a frota, mas também em razão de outros fatores que são desconsiderados em programas para gestão de tráfego e otimização da infraestrutura urbana de transportes e deslocamento (Telles, 2018b):

- **busca por vagas de estacionamento**: aumento de carros em circulação em virtude da dificuldade de encontrar vagas para estacionar;
- *commute*: aumento da distância percorrida entre trabalho e residência que culmina em áreas de tráfego intenso;
- **turnos**: concentração de fluxo de veículos em períodos específicos do dia, como no chamado *horário comercial*;
- **deslocamento**: impossibilidade de deslocamento entre trabalho e residência mediante o uso de um mesmo modal, ou de veículo particular em apenas parte do trajeto, em razão da inexistência de sistemas acessíveis e eficazes de traslado.

Boa parte das políticas públicas e das obras de infraestrutura focaliza somente o crescimento vegetativo e a ampliação da frota com objetivo resolver o problema dos congestionamentos urbanos. Mesmo com o investimento massivo em malha viária, pavimentação e equipamentos urbanos de tráfego nos últimos 25 anos, conforme destaca Telles (2018b), o problema de mobilidade urbana nas metrópoles só tem aumentado.

Soluções para os problemas de estacionamentos estão se resolvendo de maneira simples e rápida. O CivicSmart, por exemplo, é um sistema de inteligência de Dubai que conecta parquímetros, redes de comunicação e apps (Telles, 2018b).

No Brasil, já temos em operação sistemas semelhantes em cidades, como São Paulo, Santo André, Mogi Mirim, Curitiba, entre outras. Devemos lembrar que a real inteligência desses sistemas está nos dados. Telles (2018b) explica que, nos estacionamentos privados, aplicativos e mecanismos de IA estão funcionando de todas as maneiras, desde a reserva e disponibilidade de espaço até o pagamento. Diversos sistemas, como o Estapar, têm parceria com proprietários de estacionamentos e estão ganhando cada vez mais participação de mercado. Ao registrar todas as movimentações dos carros, bem como o espaço disponível para cada hora do dia, governos e empresas podem criar uma estratégia que permita a melhora da mobilidade urbana, por exemplo.

5.9 É o fim da era das megaconstruções?

A resposta mais apropriada a essa pergunta é *não*. Isso porque as soluções simples e rápidas para grandes problemas possibilitam que megaconstruções apontem para a eternidade, conforme esclarece Telles (2018b), em vez de descartarem que esse tipo de projeto seja conduzido na área de mobilidade urbana.

Aquelas obras tidas como faraônicas e os projetos urbanos e viários de infraestrutura sempre enfrentam um grande problema: a possibilidade de, futuramente, tornarem-se inadequados ou inúteis. Atualmente, muitas obras de transporte do século passado acabaram ficando obsoletas.

À época em que foram construídas, eram respostas "suficientes" aos problemas que existiam. Observaram-se casos que resolveram seus problemas, mas com custos e sacrifícios, além de terem criado novos e diferentes problemas e dilemas.

São obras como o famigerado "Minhocão", na cidade de São Paulo, e o próprio Eurotunnel, entre Inglaterra e França. Obras que

capítulo 5

> *resolveram de maneira ambiciosa alguns problemas, às custas de enormes prejuízos ou mesmo desconforto para a população. Níveis dantescos de intervenção humana e urbana, e inconsistência em relação a lucros, sustentabilidade e até mesmo estética em alguns casos.* (Telles, 2018b, p. 55)

Em nossos dias, as megaconstruções necessitam ser pensadas sob diferentes óticas. Além de serem grandiosas, devem buscar a resolução dos grandes dilemas da sociedade. Entretanto, não devem atrapalhar aquilo que já funciona. De acordo com Telles (2018b), nesse contexto, a simplicidade do viés *smart* é justamente o que pode abrir precedentes para o surgimento de problemas novos e, muitas vezes, maiores.

Parece que a tecnologia é a grande chave para a continuidade das megaconstruções no mundo. Segundo Telles (2018b), os materiais precisam ser mais duráveis, o tempo de construção deve ser mais dinâmico e é preciso utilizar fontes de energia sustentáveis. O autor ainda salienta que o conceito de *smart* visa criar conforto tanto durante a resolução do problema quanto depois.

Construtech, um conceito que tem ganhado força nesse sentido ao longo dos últimos anos, corresponde à realização de projetos civis que empregam tecnologia de ponta e processos inovadores, ampliando seu espaço à medida em que aqueles desafios que consistiam em verdadeiros sonhos tornam-se realizáveis por meio de algumas *startups* (Construtechs..., 2019):

- A Connect Data atua na proposta de automação dos canteiros de obras. Tem como principal objetivo reduzir em 10% os custos com perda de materiais e consumo desnecessário.
- A Controller desenvolveu um aplicativo que auxilia no gerenciamento do dia a dia do empreendimento. Pode incluir os dados referentes à produção, à mão de obra, aos equipamentos utilizados, aos horários dos turnos e ao clima, além de observações sobre as tarefas diárias.

A Construcode oferece soluções para melhorar o controle da obra e atingir as metas de produtividade, com um aplicativo para a inclusão e a atualização dos projetos da empresa.

Esse conceito, no entanto, apresenta outro paradigma em sua definição, segundo o qual construir obras e novas maravilhas do mundo não é o objetivo principal.

> O profundo conhecimento da cadeia de valor na construção civil é um requisito fundamental nesse novo conceito de engenharia.
>
> Por décadas, o "entendimento" de cadeia no segmento de construção civil compreendia a indústria de materiais de construção como ponto de partida. Hoje, entende-se por cadeia de valor todo o caminho que segue desde a extração de ferro, bauxita ou clínquer, no segmento de mineração, até o setor de mobiliário, decoração e projetos de design de interiores. Uma visão 360° que vem reduzindo não apenas custos, mas também o impacto ambiental e social causado por obras desse porte.
>
> A Construtech é uma ideia que compreende que os impactos ambientais e conjunturais de uma grande obra não se restringem apenas à 'interferência' física do projeto, mas também ao seu viés econômico, social e ambiental, seguindo desde as primeiras etapas de extração e beneficiamento dos recursos a serem utilizados até suas consequências e sua 'pegada', anos após a execução. (Telles, 2018b, p. 56)

5.10 Como a internet das coisas afeta a energia

Quando o assunto são as megaconstruções e as obras de infraestrutura, não podemos deixar de considerar um olhar diferenciado sobre um problema da sociedade recorrente: a energia.

capítulo 5

> *Mesmo em nível celular, precisamos de energia para sobreviver. Aquilo que bebemos e comemos leva a reações químicas capazes de produzir energia em nossos corpos, de modo que possamos realizar nossas tarefas diárias, crescer e nos desenvolver e até mesmo conduzir nossos grandes e ambiciosos projetos.*
>
> *De certo modo, os avanços tecnológicos e também de mentalidade permitiram que nós pudéssemos, num horizonte de pouco mais de um século, tornar nossa própria existência mais sustentável. O ser humano hoje vive, em média, 70, 80 ou mesmo 90 anos, a depender do país, região ou classe social. Nossos hábitos tornaram nossa vida mais sustentável e, embora geneticamente não tenhamos sofridos grandes alterações em relação aos nossos antepassados mais próximos, somos capazes de viver mais do que eles jamais sonharam em viver.* (Telles, 2018b, p. 57)

Essa noção de sustentabilidade e esse uso inteligente da tecnologia na busca de uma existência mais longa e melhor não se limitam ao campo fisiológico, pois, quando estávamos preocupados em garantir que nossa vida fosse mais longa, não fizemos quase nada para tornar sustentável o cenário em que habitamos. Ainda que sempre tenha existido a preocupação em como obter e garantir energia, os meios de obtenção dessa energia geralmente eram ignorados. Boa parte da produção mundial de energia ainda deriva de petróleo e carvão, algo que, no Brasil, não temos muita noção, visto que nossa principal fonte de energia é hidrelétrica (Telles, 2018b).

Em governos de todo o mundo, há a implementação de esforços que buscam a ampliação de participação de energias renováveis nas matrizes energéticas, embora isso não possa ser considerado uma revolução no segmento de geração, transmissão e distribuição (GTD), uma vez que é uma reação ao esgotamento de combustíveis e diversas fontes de geração que sofrem pressões da própria sociedade. Ainda assim, o barateamento de algumas tecnologias acaba gerando competitividade em alguns setores de energia renovável, embora seja uma área que ainda necessite de subsídios.

5.11 Revolução das distribuidoras

Pequenas modificações na rede elétrica, em praticamente uma década, quase imperceptíveis, ocorrem no interior de São Paulo. Engenheiros e técnicos da CPFL, por diversos anos, têm implementado na zona urbana brasileira o *smart grid*, de modo que provavelmente logo essa tecnologia estará disponível em diversas áreas (Telles, 2018b).

De maneira geral, o *smart grid* não é algo novo. No entanto, o processamento do universo de dados gerados pelo sistema é algo novo.

> *O smart grid nada mais é do que uma rede elétrica de distribuição controlada por computadores. Se um ramal ou transformador apresenta defeito, ainda à distância técnicos são capazes de isolar o problema a uma área consideravelmente menor. Com dados em longo prazo, podem identificar focos de ineficiência dos equipamentos, desperdícios de energia, circuitos em curto e transformadores e outras peças em deterioração ou prestes a apresentar falhas.* (Telles, 2018b, p. 61)

Com o uso da tecnologia de *smart grid*, embora esta não traga benefícios necessariamente que revertam em um consumo menor ou em fontes de geração mais sustentáveis, reduz o desperdício e, consequentemente, a demanda por recursos energéticos, tornando-os mais estáveis e eficientes, além de aumentar o conforto da população (Telles, 2018b).

Telles (2018b, p. 61-62) esclarece que, com o avanço e a regulamentação do mercado livre de energia e da figura do microgerador,

> *o smart grid tornou-se uma ferramenta ainda mais indispensável. Em mercados maduros, como nos Estados Unidos e alguns países europeus, consumidores que geram excedentes a partir de fontes renováveis em escala residencial ou microempresarial recebem "créditos" para devolver seu excedente para a rede. No smart grid, essa geração de créditos e entrada de tensão proveniente de consumidores é automaticamente processada, contabilizada e distribuída. Em termos práticos, isso significa que se seu vizinho produz energia solar, ele pode estar sendo sustentável o suficiente para a residência dele, a sua e talvez mais duas ou três casas no bairro.*

capítulo 5

Graças ao conceito de *smart* da rede atual e ao barateamento de aparelhos para autogeração em pequeno porte, aumentou substancialmente o interesse em utilizar e gerenciar recursos de maneira inteligente no campo energético.

É possível aprender sobre os principais componentes da IoT quando se entende o que ela é e onde está sendo aplicada.

Quando se trata de arquitetura, é preciso mostrar quais são os principais componentes, quais são suas responsabilidades e como eles se relacionam. Assim, tem-se uma visão geral de como é formada uma solução de IoT.

Os dois componentes a serem listados são as coisas e a aplicação. A coisa é uma entidade física que está conectada à rede. Ela conta com um dispositivo que corresponde às partes de *hardware* e *software*, responsáveis por trazer inteligência e conectividade, representando aquela entidade no mundo virtual. A coisa pode apresentar sensores ou atores para interagir com o meio físico, gerando dados sobre o ambiente ou atuando no ambiente.

O dispositivo é formado basicamente por um microprocessador ou microcontrolador, capaz de rodar os *softwares* necessários para dar inteligência e conectividade à coisa em um módulo de tecnologia de comunicação, para conectar direta ou indiretamente à internet, e outro de fonte de energia para manter seu sistema funcionando.

A aplicação consiste na interação do usuário com a solução proposta pela IoT. Tanto a coisa quanto a aplicação sofrem desafios de *design*, um dos principais motivos da falha de uma solução no mercado: a interface de interação, ou seja, como e por onde o usuário vai interagir com aquela solução.

Antes mesmo de o conceito de IoT ter se consolidado como hoje, o campo do consumo energético usava intensamente sensores e instrumentos de medição com o objetivo de balancear e equilibrar desperdícios, tornando mais eficiente a relação consumo e rendimento.

Possivelmente, o segmento que mais se beneficiou do emprego de sensores foi a iluminação pública. No início, empregava-se sensores simples, com base na fotossensibilidade, ou seja, eles mediam automaticamente a intensidade de luz natural do ambiente, de modo a serem acionados somente quando necessário (Telles, 2018b).

Os benefícios diretos implicam em um menor consumo e também na desnecessidade de controle humano na rede de iluminação das cidades. Com o tempo e a evolução dos sistemas e sensores, hoje a fotossensibilidade é apenas parte da inteligência embarcada em postes e pontos de iluminação. A própria intensidade de luz pode ser regulada e dados recolhidos em grande volume alimentam centrais de inteligência artificial, que podem efetuar cálculos e realizar simulações que permitem não apenas prever o consumo para anos à frente, mas também criar estratégias e modelos que permitam uma economia de energia ainda maior, com uma taxa de iluminação ainda mais eficiente.

Um dos primeiros sistemas de iluminação pública realmente inteligente foi patenteado ainda em 1999. [...]

Quando falamos em sensores, a maioria imagina que simplesmente isso implica em postes que "acendem" quando há alguém por perto. Isso procede, porém o sistema de iluminação é muito mais inteligente que isso. Sistemas sendo hoje instalados trabalham com sensores de proximidade, mas também permitem a comunicação entre pontos de iluminação próximos. Ao invés de um pedestre caminhar, por exemplo, com um ou dois postes apenas próximos de si, acesos com sensores de presença, avança assistindo aos pontos de iluminação mais à frente acenderem lentamente, mesmo antes que chegue, enquanto aqueles que deixa para trás se apagam compassadamente. Ao fazer curvas ou mudar de rota, lâmpadas acendem quase que 'adivinhando' o caminho que o pedestre fará logo a seguir. Longe de ser mágica, esses sistemas trabalham sobre camadas de comunicação de cada um dos sensores ao redor do pedestre, ao mesmo tempo em que utilizam algoritmos que permitem definir, com enorme precisão, os próximos passos da pessoa – o resultado são lâmpadas que acendem no caminho que você ainda irá tomar, quase como um videogame da vida real. (Telles, 2018b, p. 63-64)

Desde então, tem sido instalado e utilizado em diversas cidades do mundo. A cidade de Oslo, na Noruega, em 2006, decidiu instalar 55 mil postes de iluminação com intuito de reduzir o consumo energético em 50% e, ao mesmo tempo, aumentar a segurança da população (Telles, 2018b).

5.12 Da pequena para a grande escala

Em pequena escala, a IoT oferece inúmeros dispositivos que atuam, por meio de sensores e instrumentos de leitura e armazenamento de dados, detectando padrões e relizando análise no decorrer do tempo. Em uma linha de montagem, por exemplo, um funcionário está exposto a riscos como quedas, deslocamentos e incêndios (Telles, 2018b). Nesse contexto, a internet das coisas propõe um levantamento de dados que permite criar alternativas, com base em estatísticas, as quais viabilizem aos gestores o planejamento de alternativas que reduzam esses riscos – por exemplo, a implementação de sensores que, embasados em dados, conseguem prever e evitar ações que exponham a riscos.

Quando a IoT é utilizada em grande escala, o mesmo ocorre. Conforme explica Telles (2018b), pode ser que leve muito tempo até que a humanidade seja capaz de evitar a ocorrência de um furacão ou terremoto, pois a dimensão desses eventos praticamente impossibilita que qualquer máquina ou ação já criada pela humanidade seja tão ínfima que seja incapaz de produzir qualquer efeito no sentido de impedir a existência desses desastres. Entretanto, o autor esclarece que com a inteligência e as informações cotidianamente geradas por sensores, dispositivos e pela própria comunicação entre as pessoas que estão conectadas à rede de modo perene, é possível produzir dados e informações que poderão permitir a antecipação desses desastres, com grau de confiabilidade bem robusta e, talvez, até com horas ou dias de antecedência.

Segundo Telles (2018b), a visão *smart* permite analisar dados e informações por meio de uma nova perspectiva. Até recentemente, buscava-se uma solução no sentido de conter os desastres naturais, tendo em vista os prejuízos que acarretam. Atualmente, já se sabe que não é possível contê-los, mas minimizar seus impactos por meio de previsão, planejamento e gerenciamento de estratégias, como construção de fundações maiores e mais profundas em áreas propensas a terremotos e de edifícios mais baixos em regiões afetadas por tornados (Telles, 2018b).

Podemos citar inúmeros exemplos, entretanto um ponto fica muito evidente: embora não seja possível prever, de fato, a força dos elementos, é possível criar um planejamento para recebê-la (Telles, 2018b). O clima sofre não só constantes alterações, mas também a incidência e o comportamento dos desastres naturais. Algumas zonas onde hoje não ocorrem terremotos ou mesmo ventos fortes podem vir a ser, em um futuro próximo ou não, regiões de perigo.

Com a IoT, podemos vislumbrar pela primeira vez na história a criação de intervalos maiores de preparação e gestão. Isso porque há sensores e dispositivos de comunicação, por exemplo, que permitem ações antes da ocorrência dos desastres, como evacuar ou proteger áreas que serão afetadas horas antes do evento (Telles, 2018b).

A ausência desse tipo de recurso pode resultar em tragédia. Um exemplo recente foi o desastre do furacão Katrina nos Estados Unidos, quando, mesmo com toda a infraestrutura, recursos e capacidade do maior governo da Terra, a população local foi atingida tanto pelo furacão quanto pelas enchentes decorrentes do evento. Além disso, foram necessários dias até que as vítimas fossem devidamente socorridas e atendidas, visto que, na época, não havia sensores e dispositivos para detectar zonas seguras (Telles, 2018b). Isso porque, conforme esclarece Telles (2018b), não havia dados históricos sobre ocorrências similares na região que os especialistas pudessem acessar, o que impediu que fosse traçado qualquer planejamento por parte das autoridades.

A tendência é a tecnologia e o pensamento *smart* transformarem os dados que podem ser facilmente acessados, como aqueles disponibilizados nas redes sociais ou em termostatos inteligentes residenciais, em uma base científica e matemática, de modo a garantir melhores resultados com grandes margens de segurança. Dessa maneira, tragédias como a do Katrina poderiam ser evitadas.

O Centro de Operações da Prefeitura do Rio (COR) desenvolveu uma ferramenta, denominada *Status*, utilizada na atualização do Geoportal, *software* operacional do Centro de Operações. Por ter a disposição um grande fluxo de dados, o Status concentra todos os recursos em um único lugar, permitindo, assim, o cruzamento de dados e informações e gerando alertas e alarmes para agilizar a tomada de decisão. Também implementaram uma matriz de criticidade de ocorrências para ser utilizada nas tomadas de decisão, classificando os possíveis riscos, de modo a priorizar o atendimento de situações de maior impacto na cidade (COR firma..., 2021).

Telles (2018b) afirma, ainda, que não se trata necessariamente de "descobertas", e sim de que, no caso desse estudo chinês e de muitos outros na área de prevenção de riscos, busca-se analisar os recursos e as informações já existentes (ou seja, lançar um olhar *smart*) – afinal, há um grande volume de informações gerado, uma vez que as pessoas estão constantemente conectadas à rede.

O mundo conectado da internet das coisas (IoT) oferece enormes oportunidades para desenvolver novos modelos de negócios e melhorar os produtos e serviços existentes. O artigo *Uma avaliação do plano de ação para o Brasil 2017/2022 sob a visão sistêmica* (Sabo; Rover, 2019) apresenta inúmeras empresas que aplicaram diferentes modelos de negócios relacionados à IoT que vêm sendo aplicados ao redor do mundo. Entre eles, podemos destacar as que seguem.

Bigbelly

O "Bigbelly" (*on-line*), desenvolvido nos Estados Unidos, é um reservatório de lixo baseado em energia solar que alerta equipes de saneamento quando estão completos. O sistema objetiva transformar uma das menos eficientes indústrias do planeta, qual seja, a coleta de lixo. Isso ocorre porque a coleta de lixo é realizada, muitas vezes, com o desperdício de combustível e de trabalho, e, ainda, com emissão de CO_2. Além disso, latas de lixo que transbordam geram uma série de problemas de saúde e segurança. A empresa desenvolvedora tem se esforçado para oferecer uma solução única para o espaço público, alavancando energia solar renovável e tecnologia da informação.

Hikob

Desenvolvido na França, é

> *um sistema projetado para coletar, em tempo real, dados brutos ou informações pré-processadas necessárias para áreas de estacionamento e gerenciamento de estacionamento na rua, necessários para a gestão e controle do tráfego urbano e essenciais*

para tomar decisões. Esse sistema de detecção de veículos e de observação de tempo são constituídos por sensores de magnetômetros sem fios, miniaturizados e de baixa potência e sensores de temperatura e umidade combinados com uma infraestrutura local sem fios que realiza a recolha de dados e conectividade com redes IP ou de telecomunicações ou um equipamento no local. (Sabo et al., 2017, p. 18)

Z-Trap

Desenvolvido nos Estados Unidos, é um produto destinado a agricultores que dispõe de armadilhas de insetos inteligentes para analisar e prever populações em seus campos. É possível constatar problemas precocemente e usar pesticidas com mais precisão, prevenindo danos às produções e aumentando seus rendimentos. O sistema permite monitorar as populações de pragas por meio de um computador ou *smartphone*.

Vehicle to infrastructure

A plataforma "Vehicle to ifrastructure" – V2I – foi

desenvolvida pela Audi, nos Estados Unidos é um sistema de informação de semáforos que se comunica com os sinais de trânsito municipais para informar o condutor quando os semáforos passam de vermelho para verde. A tecnologia "V2I" permite que o carro receba informações do semáforo em tempo real do sistema avançado de gestão de tráfego que monitora os semáforos. (Sabo et al., 2017, p. 18)

WaterBee

De acordo com Sabo et al. (2017, p. 18), o

'WaterBee' (online), desenvolvido na Espanha, é um sistema de irrigação e gestão de água inteligente, rentável e completo, que permite otimizar as operações ambientais comerciais e sustentáveis. O sistema de modelagem e agendamento de irrigação inteligente vai além do estado da arte, propiciando não apenas otimizar o uso da água irrigando apenas onde e quando é necessário, mas também aumentando o crescimento e a qualidade da planta. (Sabo et al., 2017)

capítulo 5

MetroBus

Sabo et al. (2017, p. 18) afirmam que o "MetroBus" (Metro, *on-line*) foi

> desenvolvido em St. Louis, Missouri, nos Estados Unidos, é um serviço de ônibus público que usa sensores eletrônicos em seus ônibus para coletar dados sobre variáveis como velocidade, temperatura do motor e pressão de óleo. Os computadores analisam os dados e oferecem recomendações aos técnicos de serviço, ajudando a melhorar a confiabilidade do sistema de trânsito da cidade e reduzindo os custos operacionais gerais. O resultado é de menos avarias nos ônibus e tempos de vida do veículo mais longos. Essa identificação de possíveis falhas de manutenção antes que elas aconteçam já fez com que o governo local economizasse cinco milhões de dólares por ano em custos de manutenção e o mesmo valor em custos relacionados a pessoal.

Advanced National Seismic System

O "Advanced National Seismic System", do Serviço Geológico dos Estados Unidos (The U.S. Geological Survey), é um sistema que, por meio de acelerômetros e análise de dados em tempo real, monitora a saúde estrutural dos edifícios em regiões sujeitas a terremotos. Os sensores detectam o grau de movimento do edifício, a velocidade com que as ondas sísmicas o percorrem e o modo como a estrutura do edifício muda. Alguns hospitais já implementaram esse sistema para que, em caso de terremoto, seja possível evacuar pacientes e funcionários a tempo.

5.13 Indústria 4.0: integração de máquinas e linhas e células e processos flexíveis e avançados

Revoluções industriais importantes ocorreram no decorrer dos tempos. Com elas, observamos disrupções dos métodos de fabricação, de máquinas a vapor a produção automatizada, o que tornou o processo de fabricação mais sofisticado, automático e sustentável, proporcionando condições para que as máquinas atualmente sejam operadas de maneira simples, eficiente e sistemática (Sacomano, 2018). Sacomano (2018) afirma que o termo *Indústria 4.0* representa a quarta revolução industrial, definida como um nível superior de organização e controle de toda a cadeia de valor e em todo o ciclo de vida dos produtos. O foco principal é atender aos requisitos dos clientes de maneira cada vez mais customizada, o que afeta diversas áreas funcionais, tais como a pesquisa e o desenvolvimento de novos produtos, o gerenciamento dos pedidos, a ordem de fabricação dos produtos, a entrega dos produtos, a utilização dos produtos e a reciclagem dos produtos.

Na Indústria 4.0, há a interconexão de dispositivos cibernéticos-físicos, sensores e recursos fabris com a internet. O processo de produção é dividido em unidades pequenas, orientadas ao valor, as quais compartilham apenas as informações necessárias para as etapas posteriores do processo, o que ajuda a aumentar a flexibilidade e reduzir a complexidade das atividades de coordenação.

Os pilares da Indústria 4.0 são a IoT (internet das coisas), a IIoT (internet das coisas industrial) a fabricação com base em nuvem e a fabricação inteligente. A correta aplicação desses elementos resulta em um processo de fabricação totalmente digitalizado e inteligente, com maior eficiência e uma significativa mudança nas relações tradicionais de produção entre fornecedores, produtores e clientes, bem como entre as pessoas e as máquinas (Sacomano, 2018).

5.13.1 Integração de máquinas e linhas

É sabido que a Indústria 4.0 abrange uma rede inteligente de produtos e processos industriais, com potencial diretamente associado a diversas tecnologias. Entre essas tecnologias, há robôs automatizados, simulação, integração horizontal e vertical dos sistemas, IoT industrial, serviços com base em nuvem, segurança cibernética e produção aditiva (impressão 3D), realidade aumentada e análise de *big data*.

Silva (2017) afirma que, para implementarmos a Indústria 4.0, precisamos de integração horizontal da cadeia de valor, um sistema de produção em rede e integração vertical e digitalização final do projeto de engenharia ao longo de toda a cadeia de valor. Esses requisitos são suportados por tecnologias emergentes, incluindo IoT, redes de sensores sem fio, *big data*, serviços baseados em nuvem, sistemas embarcados e internet móvel. Destacamos que a quantidade significativa de dados gerados por meio da digitalização afetará todas as áreas de negócios da organização, proporcionando a melhoria da transparência, da integração e da elaboração dos projetos, fornecendo, assim, muito mais informações sobre as necessidades dos clientes e as tarefas necessárias para atender a elas. A Indústria 4.0 propicia também às organizações a oportunidade de geração de áreas de negócios totalmente novas voltadas à criação de valor, tais como projeto e desenvolvimento de produtos e segurança de dados, entre outras (Silva, 2017).

A integração desses processos é estabelecida por meio de conexão via internet e interconexão em tempo real dos diversos dispositivos tecnológicos. A implementação de ferramentas, métodos e procedimentos anteriormente especificados se faz necessária para o desenvolvimento bem-sucedido da Indústria 4.0 por uma organização. Segundo Freitas, Fraga e Souza (2016, p. 112), as etapas a seguir são necessárias para promover essa mudança:

- *Utilização de ferramentas e tecnologias interconectadas visando garantir a transparência de todo o processo industrial.*
- *Integração horizontal promovida pela conectividade em tempo real de todos os setores da organização visando uma eficiente cooperação corporativa.*
- *Integração vertical envolvendo a cooperação entre os diversos parceiros da cadeia de suprimentos por meio de uma conexão digital.*
- *Reformulação do modelo de negócios priorizando o foco nos clientes, mesmo que sejam necessárias adaptações na estrutura organizacional.*

Como podemos perceber, a Indústria 4.0 tem grande potencial no desenvolvimento de uma estratégia de envolvimento de cocriação, em que todos os participantes estão conscientes de que a colaboração gerará ganhos para toda a cadeia de suprimentos.

5.13.2 Células e processos flexíveis e avançados

Qualquer sistema de fabricação pode sofrer influência de diversos fatores, como tipos de operações, número de postos de trabalho, nível de automação e flexibilidade do sistema. Com base na análise desses fatores, podemos classificar um sistema de fabricação em seis tipos:

1. células de estação única comandadas;
2. células de estação única automatizadas;
3. sistema de montagem manual;
4. sistema de montagem automatizado;
5. sistema de fabricação celular;
6. sistema de manufatura flexível.

Podemos apontar, ainda, outros importantes aspectos relacionados aos sistemas de manufatura, tais como o sistema de manufatura integrado por computador, o sistema de manufatura reconfigurável etc. Com base nesses elementos fundamentais de manufatura é que a Indústria 4.0 foi concebida.

Na Indústria 4.0, existe a proposta da integração inteligente, horizontal e vertical, em tempo real, de pessoas e máquinas com objetos e sistemas TIC, a fim de permitir um gerenciamento flexível e dinâmico dos sistemas de produção (Freitas; Fraga; Souza, 2016). Trata-se da integração de sistemas cibernéticos-físicos de produção e logística por meio das tecnologias IoT nos processos industriais, que influencia diretamente a cadeia de valor, os modelos de negócios, os serviços e o ambiente de trabalho.

Qualquer sistema de produção deve ser capaz de entregar os produtos certos no momento certo, na quantidade necessária, no nível de qualidade especificado e nos custos de produção aceitáveis (Sacomano, 2018). Esses objetivos podem ser alcançados por meio dos sistemas de fabricação flexíveis no contexto da Indústria 4.0, entre os quais citamos:

> - *Aumento da produtividade, pois a produtividade dos sistemas de produção flexíveis é significativamente maior do que a dos sistemas de produção convencionais equipados com o mesmo número de máquinas.*
> - *Diminuição da demanda por espaço, pois a alta produtividade dos sistemas de produção flexíveis reduz o número de máquinas instaladas e, portanto, a demanda por espaço em comparação aos sistemas de produção convencionais.*
> - *Redução dos custos diretos de mão-de-obra, pois as máquinas controladas de forma centralizada não exigem a presença permanente de um operador.*
> - *Redução dos ciclos de produção em comparação com a execução das mesmas tarefas em sistemas convencionais.*
> (Sacomano, 2018, p. 107)

Como característica dos sistemas de produção baseados na Indústria 4.0, temos o uso intensivo de sensores inteligentes e detecção de falhas nos processos de controle das máquinas, o que reflete diretamente na produtividade e no desempenho fabril.

5.14 Mobility 4.0: gestão de inovações de tecnologias embarcadas, veículos e vias inteligentes

Atualmente, há diversos projetos que envolvem a conexão de veículos à internet, cenário que tem gerado uma infinidade de novas aplicações que visam facilitar e proteger os sistemas de transporte. Podemos, assim, identificar uma forte tendência para aplicações inteligentes de mobilidade e transporte, com a criação de novos ecossistemas móveis baseados em confiança, segurança e conveniência para serviços móveis e aplicativos de transporte que garantirá aos cidadãos segurança, mobilidade e conveniência às transações e serviços (Nobre, 2015).

Um desafio considerável é representar o comportamento humano em projeto, desenvolvimento e operação de sistemas em veículos autônomos. Incorporar considerações sobre o ser humano é fundamental para a segurança, a confiabilidade e a previsibilidade. Ainda existe um entendimento muito limitado de como o comportamento de um motorista humano poderá ser afetado por sistemas de controle de tráfego adaptativo. Ou seja, qual será sua postura diante de um ambiente de tráfego misto (veículos conduzidos por humanos e veículos autônomos).

Para que ocorra o aumento dessa integração, será necessário que haja mais medidas de segurança, além das físicas as lógicas, pois, à medida que os sistemas de tráfego inteligentes se tornam mais complexos, as interações entre os componentes IoT aumentam, sendo essenciais as questões que envolvem a proteção e segurança.

5.14.1 Tecnologias embarcadas

A IoT, que já faz parte do sistema de controle e de gerenciamento de veículos, tem diversas funções técnicas dos sistemas de bordo destes, permitindo o monitoramento deles em tempo real pelo centro de serviços e podendo oferecer manutenção preventiva e diagnóstico e suporte remotos. Para isso, são coletados os dados dos sensores de bordo por uma unidade inteligente de bordo, os quais são comunicados via internet ao centro de serviços (Magrani, 2018).

Entre os elementos técnicos de tais sistemas, podemos encontrar os telefones inteligentes e as unidades a bordo dos veículos inteligentes que coletam dados

- ***do usuário:*** *posição, destino e horário;*
- ***dos sistemas a bordo:*** *situação do veículo, posição, perfil do uso de combustível, perfil de dirigibilidade etc.* (Magrani, 2018, p. 163, grifo do original)

A partir disso, ocorrem interações com sistemas externos "(sistemas de controle de tráfego, gerenciamento de estacionamento, gerenciamento de compartilhamento de veículos, infraestrutura de carregamento de veículos elétricos etc.)" (Martinez, 2012, p. 12).

Esse conceito, o de IoT embarcada em veículos, é um grande passo para futuras aplicações inteligentes de transporte e mobilidade e requer a criação de novos ecossistemas móveis baseados em confiança, segurança e praticidade dos serviços móveis e aplicativos de transporte.

A função dos sensores inteligentes na infraestrutura do controle de tráfego é coletar informações sobre a situação das vias, das condições de tráfego, climáticas etc. Para que isso ocorra, são necessários "sensores e acionadores robustos, capazes de fornecer informações confiáveis aos sistemas aqui mencionados" (Martinez, 2012, p. 16).

Essa comunicação confiável precisa ter base em protocolos de comunicação que considerem o tempo, a segurança e as restrições de proteção. Essa substancial quantidade de dados terá necessidade de sofisticadas estratégias de mineração de dados. A otimização do fluxo de tráfego e o uso de energia podem ser alcançadas pela organização coletiva entre os veículos. É fundamental haver padronização e universalização dos protocolos e das interfaces, permitindo, assim, uma saudável competição entre os fornecedores dessas tecnologias.

Além disso, devemos considerar a privacidade das pessoas. Ao lidar com informações que envolvem localização, destino, horário e hábitos das pessoas, as tecnologias citadas devem assegurar não apenas os meios de comunicação protegidos, mas também os procedimentos que garantam o anonimato dos dados sensíveis.

5.14.2 Veículos e vias inteligentes

Uma questão interessante é que a IoT pode propiciar eficiente gerenciamento e controle de tráfego ao permitir que os veículos possam se organizar de modo que se evitem engarrafamentos e se otimize o uso de combustível. Isso pode ocorrer por meio da coordenação e da cooperação da infraestrutura do sistema de controle e gerenciamento de tráfego de uma cidade inteligente. Além disso, a comunicação mútua entre os veículos e a infraestrutura permitem novos métodos que aumentem consideravelmente a segurança do trânsito, contribuindo, assim, para a redução do número de acidentes de trânsito (Bencke; Perez; Armendaris, 2017).

Outra questão a ser considerada no transporte inteligente é a IoT no cenário multimodal, com base na situação momentânea do tráfego, diversas soluções podem ser adotadas, como a combinação de veículos individuais, o compartilhamento de veículos, ferrovia e sistemas de passageiros. Para permitir o uso contínuo e a disponibilidade desses elementos, faz-se necessária uma eficiente interação dos veículos com os sistemas de gerenciamento de tráfego de cidades inteligentes.

Os desafios da direção autônoma giram em torno da interação entre um veículo e o ambiente com base em IoT (sensores, acionadores, comunicação, processamento, troca de informações etc.), considerando também os sistemas de monitoramento das rodovias que combinam a localização e as condições de dirigibilidade (Bencke; Perez; Armendaris, 2017). É a contemplação de um sistema de planejamento misto, capaz de permitir o tráfego eficiente nas rodovias e manobras seguras em áreas abertas e estacionamentos, além do desenvolvimento de um mecanismo comportamental capaz de seguir as regras de trânsito ou até evitá-las quando necessário.

De acordo com Bencke, Perez e Armendaris (2017), os veículos autônomos estão na fase de protótipo, em pleno desenvolvimento dos *chips* automotivos, os quais têm como principal função ajudar os veículos a entender o ambiente ao seu redor por meio da detecção de pedestres, semáforos, colisões, motoristas assonados e marcações nas faixas das rodovias.

A princípio, essas tarefas estão sendo pensadas para situações de ajuda ao motorista em circunstâncias emergenciais. Ainda são soluções que não atendem à plena condução autônoma de um veículo, mas representam um significativo passo para uma mudança gradual em direção aos veículos controlados por computador.

5.15 Servitização*: sistema produto- -serviço (PSS) e operação e manutenção otimizadas

Recentemente, algumas organizações passaram a empregar um novo modelo relacionado à compreensão de seus negócios, transferindo a ênfase da venda de produtos para a oferta de serviços. Isso é refletido na constante evolução do setor de serviços no produto interno bruto (PIB) das grandes nações. Observou-se que o mercado de serviços não é apenas maior, mas também mais sustentável que o mercado de produtos (Garcia, 2015).

Garcia (2015) ainda descreve que a prioridade dos consumidores não é mais o valor em um produto, mas sim a utilidade que ele fornece, ou seja, o serviço agregado. Uma conclusão a que podemos chegar é que um cliente não está à procura de produtos, mas sim de serviços. Os produtos passaram a ser considerados pelas organizações ferramentas para o fornecimento de serviços. Diante dessa nova visão de negócios, inúmeras organizações e diversos setores da economia têm adaptado os modelos de negócios para a servitização, ou seja, têm direcionado o foco principal de seus negócios da venda de produtos ao oferecimento de serviços.

5.15.1 Sistema produto-serviço (PSS)

De acordo com Matsubayashi (2016, p. 44):

> O setor industrial, mais especificamente as suas organizações, têm concentrado seus esforços em oferecer serviços aos seus

---

* "A servitização é um processo pelo qual a produção de bens industrializados tem evoluído para uma visão mais abrangente, agregando serviços e permitindo um maior foco na função" (Soares, 2022).

produtos e esse fenômeno tem resultado numa intensa proliferação de sistemas produto-serviço (PSS – Product-Service Systems,) que podem ser definidos como uma combinação integrada de produtos e serviços capaz de atender de forma plena às necessidades específicas dos clientes.

A ênfase desse modelo está em promover e vender o uso como mais importante do que vender o próprio produto.

Assim, fazem parte de um PSS o produto, ou seja, um bem tangível fabricado para ser vendido, o serviço, caracterizado por uma atividade realizada por outras pessoas com um valor econômico e, finalmente, um sistema, composto de um conjunto de elementos, incluindo suas relações. Matsubayashi (2016, p. 44) afirma que os PSS oferecem "grande potencial para as organizações alcançarem mais sustentabilidade e reduzirem a poluição do meio ambiente".

Para entendermos melhor o significado dos PSS, devemos considerar as diferenças e as semelhanças de produtos e serviços. Entretanto, com o rápido avanço das atuais tecnologias (*big data*, telefonia móvel, computação nas nuvens, IoT, entre outras), a linha demarcatória entre produtos e serviços está se tornando cada dia mais difícil de distinguir (Matsubayashi, 2016, p. 57).

Matsubayashi (2016, p. 33) destaca que os conceitos com base nos quais os serviços se distinguem dos produtos são a tangibilidade, a transferência de propriedade, o tempo de geração e consumo, a participação do usuário e a qualidade do relacionamento entre o fabricante e o usuário. Para entender o que isso significa, podemos exemplificar que o fabricante de determinado produto não conseguirá adaptar o produto em relação a desejos ou necessidades dos clientes depois de concluída a produção deste, enquanto o provedor de um serviço pode responder a desejos ou necessidades mesmo durante a entrega do serviço.

O resultado desse cenário é que os usuários têm expectativas diferentes em relação a produtos e a serviços. Os resultados dessas características são que produtos e serviços não podem ser vendidos da mesma forma. Portanto, a efetiva configuração de produto e serviço em um PSS determina a estratégia de implementá-lo e de vendê-lo (Matsubayashi, 2016, p. 33).

5.15.2 Operação e manutenção otimizadas

Quando buscam a otimização da operação e da manutenção dos processos industriais, diversas organizações fazem uso da manutenção preditiva a fim de obter a maximização da vida útil de suas máquinas e equipamentos, evitando, assim, as paralisações não planejadas e, consequentemente, minimizando as planejadas.

Com o advento da Indústria 4.0, inúmeras organizações começaram a utilizar tecnologias precisas de monitoramento de operações em tempo real, transformando uma típica linha de produção em uma fábrica inteligente, equipada com dispositivos IoT (sensores interconectados via internet), pelos quais trocam dados, viabilizando o pleno gerenciamento dos processos de produção.

Pinheiro, Araújo Filho e Coelho (2020, p. 41) afirmam que

> Com base nesse modelo da Indústria 4.0, a manutenção preventiva passa a utilizar dados em tempo real advindos de inúmeras fontes (sensores IoT embarcados em máquinas e equipamentos, sistemas ERP, sistemas CMMS e dados da produção). Os sistemas inteligentes de gerenciamento de fábrica combinam esses dados com modelos avançados de previsão e ferramentas analíticas buscando prever falhas e resolvê-las de maneira proativa. A proposta é que com o tempo, as tecnologias de machine learning ampliem a sua tendência de aumentar a precisão dos algoritmos preditivos, resultando em um desempenho ainda melhor.

Tais tecnologias permitem a comunicação máquina-máquina (M2M – *machine to machine*) e máquina-homem (M2H – *machine to human*), em conjunto com tecnologias analíticas e cognitivas, para que as decisões sejam tomadas corretamente e no prazo necessário (Sacomano, 2018).

5.16 Logística 4.0: sistemas inteligentes de transportes logísticos e integração otimizada de cadeias

A logística inteligente, mais conhecida como Logística 4.0, traz em seu bojo os avançados conceitos de armazenamento automatizado, de rastreamento de carga e de gerenciamento remoto de frota (Nolêtto, 2018, p. 55). As evoluções atuais da tecnologia da cadeia de suprimentos são capazes de proporcionar às organizações informações em tempo real sobre a situação e a localização da carga e da frota. As tecnologias IoT, associadas a GPS e RFID com base na nuvem, podem habilitar atualizações geográficas instantâneas, ainda que a carga esteja em trânsito. O rastreamento em tempo real "pode ser usado para medir o desempenho do transporte e as possíveis ineficiências da rota de entrega" (Nolêtto, 2018, p. 55).

Têm sido imprescindíveis as tecnologias de automação e de inteligência de negócios na melhor adaptabilidade e otimização da cadeia de suprimentos da demanda variável dos clientes. Os sensores que fazem uso da IoT são capazes de detectar interrupções na cadeia de suprimentos ou mesmo os problemas de qualidade, inclusive podendo resolvê-los ou mesmo adaptar os fluxos de produção em tempo real com o mínimo de intervenção humana (Indústria 4.0). Como resultado, podemos ter maior visibilidade, capacidade de resposta e resiliência em todo o ecossistema da cadeia de suprimentos.

Essas questões que envolvem o gerenciamento da cadeia de suprimentos orientado à demanda não são novidade. As grandes novidades são a substancial quantidade de dados disponíveis e a capacidade de as organizações extraírem percepções com base em sua análise. Os métodos tradicionais de previsão de demanda trabalham com níveis históricos de demanda, embora essa restrita análise de dados possa não refletir o verdadeiro ambiente atual de demanda.

De acordo com Nolêtto (2018, p. 56), as tecnologias IoT com base em sensores incorporados podem "monitorar, coletar e relatar informações do meio ambiente e responder a instruções remotas". Se fizermos a análise inteligente desses dados, poderemos aumentar consideravelmente a precisão das previsões da demanda e das reposições de produtos. Assim, tanto a análise preditiva quanto o aprendizado de máquina podem "ser responsáveis por essas variáveis adicionais quando precisarmos prever com mais confiabilidade a demanda, reconhecer padrões e antecipar mudanças" (Nolêtto, 2018, p. 56).

5.16.1 Sistemas inteligentes de transportes logísticos

Por muito tempo, a tecnologia da informação (TI) tem sido aplicada ao setor de transportes com intuito de melhorar a segurança e a eficiência. Um sistema inteligente de transportes logísticos busca fornecer serviços inovadores com relação aos diferentes modais de transporte e gerenciamento de tráfego. O objetivo é permitir que os usuários sejam mais bem informados, promovendo o uso mais seguro, mais coordenado e mais inteligente das redes de transporte (Nolêtto, 2018).

Entretanto, o setor de transporte enfrenta dificuldades em compartilhar informações de maneira mais rápida e fácil entre seus vários sistemas e fontes (sensores, satélites, veículos, mídias sociais etc.). As informações geralmente são armazenadas em bases de dados, o que significa que os diferentes atores da cadeia de valor de transporte não compartilham informações de maneira coordenada. É necessário que haja uma abordagem integrada ao uso de dados, buscando um mercado de informações para transporte e logística realmente operacionais. Nesse cenário, surgem diversas oportunidades para um melhor gerenciamento de transporte, além de novos serviços baseados na IoT (Nolêtto, 2018).

O desenvolvimento de processadores mais rápidos em sensores tem resultado em uma rede mais distribuída de contadores, NFC, sensores de luz, sensores de som, sensores de dispositivos Wi-Fi (*smartphones*) e câmeras de vídeo. Essa rede tem sido usada com muita eficiência não apenas para rastrear padrões de transporte, mas também para criar sistemas de tráfego mais inteligentes, que têm auxiliado na redução de congestionamentos, no aumento da segurança e na criação de uma experiência de trânsito mais agradável.

Os veículos conectados via nuvem a uma variedade de dispositivos IoT – que permitem que motoristas e passageiros acessem aplicativos por uma tela em seu veículo e obtenham informações em tempo real sobre tráfego, congestionamento, vagas de estacionamento disponíveis e serviços de navegação personalizados – são um bom exemplo. Fora disso, os sensores embarcados no veículo podem transmitir importantes informações ao fabricante buscando melhorar o desenvolvimento do produto, além de criar cronogramas de manutenção personalizados.

De acordo com Freitas, Fraga e Souza (2016), a logística é uma área em que as TIC e a IoT têm tido muito sucesso na utilização do gerenciamento do fluxo de mercadorias entre os diversos pontos. Essas tecnologias proporcionam melhorias substanciais no monitoramento em tempo real do fluxo de mercadorias, pois os sistemas de rastreamento propiciam uma visão exata da localização dos produtos, estejam eles no fornecedor, no distribuidor, no vendedor, ou tenham eles já sido entregues ao cliente (Freitas; Fraga; Souza, 2016).

Os resultados advindos ao setor logístico têm experimentado a redução de roubos, a identificação imediata de alterações de rotas, o rastreamento de equipamentos, a redução de atrasos na produção e o aumento da segurança de produtos e colaboradores (Nolêtto, 2018). Resultados positivos também nos processos de entrega foram aprimorados, fornecendo informações detalhadas sobre a temperatura, a qualidade do ar e o monitoramento a taxa de deterioração dos produtos. Aos tomadores de decisão tem sido disponibilizada uma visão completa das condições e a localização de mercadorias de modo individual, bem como dos componentes de toda a cadeia de suprimentos.

As organizações que fazem uso da logística, de todos os portes, têm tirado proveito da redução dos custos advindos das tecnologias digitais. Esses operadores estão adotando de forma maciça os dispositivos interconectados por meio da IoT na gestão de seus negócios. A busca por novos fretes e pela melhoria do gerenciamento das cargas tem feito parte desses avanços e soluções de transporte integradas, tornando-se crucial para a competitividade das operações logísticas.

5.16.2 Integração da cadeia de suprimentos

Freitas, Fraga e Souza (2016) fazem uso da definição da integração da cadeia de suprimentos como o gerenciamento colaborativo, tanto interorganizacional quanto intraorganizacional, dos processos de negócios estratégicos, táticos e operacionais visando alcançar os fluxos efetivos e eficientes de produtos, informações e recursos necessários para fornecer o máximo valor ao cliente final, com o menor custo e a máxima rapidez. Além disso, consideram, também, que a integração da cadeia de suprimentos é, atualmente, tida como a conexão digital dos processos de negócios dentro e entre organizações que envolvem fornecedores e clientes (Freitas; Fraga; Souza, 2016).

De acordo com Nolêtto (2018, p. 61), as tecnologias IoT de sensores inteligentes integrados à computação em nuvem e *big data* têm sido "uma solução multidimensional para a integração da cadeia de suprimentos das organizações". Alguns dispositivos como RFID, câmeras, etiquetas a *laser*, GPS, *bluetooth*, entre outros, podem ser utilizados no gerenciamento de toda a cadeia, já que, em virtude de sua alta disponibilidade para a atualização de informações, estão acessíveis por uma enorme variedade de dispositivos, melhorando o nível de desempenho do setor e fornecendo uma sólida base para um fluxo de trabalho ininterrupto (Nolêtto, 2018).

Isso permite que as organizações atendam prontamente às demandas de seus clientes, realizando inventários de maneira automática, disparando uma rápida solicitação de reposição de suprimentos, realizando previsões precisas das necessidades do cliente a fim de personalizar produtos e estratégias de marketing, aplicando técnicas de redução de custos e estabelecendo padrões de gastos (Freitas; Fraga; Souza, 2016).

Assim, como destaca Nolêtto (2018), o uso da IoT na integração de toda a cadeia de suprimentos tem proporcionado às organizações atuações efetivas na rastreabilidade dos veículos, das cargas e dos colaboradores, aumentando a segurança e o gerenciamento dos riscos.

Conforme demonstramos, são diversos os ganhos na integração de toda a cadeia, como a simplificação das tarefas do cotidiano e a automatização de processos. Contudo, além de todos os benefícios já elencados, uma questão deve ser foco de atenção em projetos de IoT: a segurança das informações que trafegam nessa rede, como veremos no próximo capítulo.

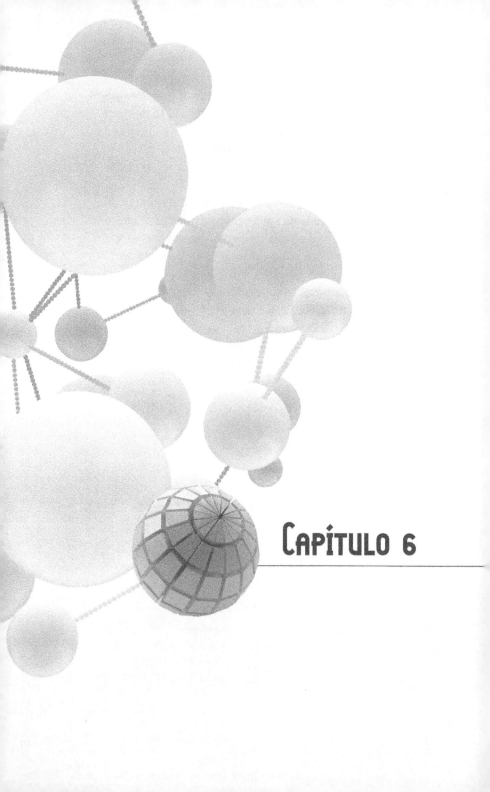

Capítulo 6

Segurança e IoT

Conteúdos do capítulo:

- Segurança.
- *Blockchain* e as tecnologias IoT.
- O dilema de Multivac.

Após o estudo deste capítulo, você será capaz de:

1. identificar o papel da segurança, da qualidade, da agilidade e da sustentabilidade na IoT;
2. compreender as integrações entre IoT e *blockchain*;
3. conhecer o dilema de Multivac;
4. entender a revolução da análise preditiva.

A IoT tem se destacado por facilitar a vida das pessoas e as operações das organizações, conectando o mundo por meio de uma rede de dispositivos inteligentes. Isso tem oferecido uma grande variedade de possibilidades para melhorar a qualidade de vida em diversos aspectos, automatizando tarefas diárias e nos dando o poder de alavancar efetivamente a inteligência digital nos mais diversos setores: manufatura e cadeia de suprimentos, redes de energia, logística, cidades, construção, assistência médica, dentre outros.

Aos poucos, porém de maneira contínua, a IoT está crescendo, transitando da manufatura e negócios para as residências e escritórios. Atualmente, todos os segmentos da sociedade estão conectados à internet, o que permite que a IoT se desenvolva e se estabeleça como uma das tecnologias mais essenciais nos próximos anos.

6.1 Segurança, qualidade, agilidade, sustentabilidade

Tem aumentado significativamente os objetos físicos conectados à internet a uma velocidade impressionante, aos quais se atribui a ideia de IoT. Diversos dispositivos que não se conectavam à rede estarão presentes, coletando dados, gerando informações para monitoramento e possíveis análises, bem como automatizando tarefas ou provendo alguma facilidade ao usuário, aos quais denominamos de *restritos* (Oliveira; Gomes; Lopes, 2019).

> *Dispositivos restritos, é a principal nomenclatura utilizada para descrever os atores a serem utilizados em internet das coisas que possuem limitações físicas de hardware. Sendo estas limitações grandes barreiras no contexto de recursos computacionais, como memória, processador, armazenamento, energia e a transmissão de dados. Desta forma, toda implementação deve ser bem planejada onde normalmente apresentam um problema complexo. Este ponto cria um grande desafio de SI para dispositivos IoT, devido à escassez de recursos computacionais, onde além da*

funcionalidade do dispositivo, adicionar novos recursos para segurança normalmente é visto como oneroso ao projeto. No entanto, a LGPD através de seu viés regulatório tem meios para exigir estes recursos ao projeto devido ao seu peso de lei, embora isto nada mude o fato de ainda ser um desafio no desenvolvimento de uma solução IoT. (Oliveira; Gomes; Lopes, 2019, p. 16)

Devemos atentar para o volume considerável de informações que advirão dos novos tempos, principalmente com o 5G. Precisamos de clara motivação em saber como a segurança da informação estará preparada para essa quantidade massiva de informações que vai trafegar entre dispositivos e pessoas, entendendo se estaremos seguros para produzir tanto conteúdo para a internet.

6.1.1 Segurança

Em nosso cotidiano, têm-se utilizado várias aplicações de IoT no gerenciamento de recursos. Santos (2018, p. 35) esclarece que a segurança permite que pessoas e organizações estejam no controle, contexto no qual cita diversos exemplos, como de sensores de controle de detecção de vazamento de gás ou água que visam antecipar ou mesmo evitar proáveis acidentes. Outra das grandes preocupações em torno do uso das tecnologias IoT refere-se à coleta de informações confidenciais (Santos, 2018).

As corporações já estudam uma abordagem em camadas, que não apenas procura manter os *hackers* afastados, mas também visa detectar aqueles que tentam invadir as bases de dados e coibir os possíveis danos. De maneira proporcional ao risco, a IoT deve ser protegida. É necessário que haja um esforço conjunto para combater as ameaças de acessos não autorizados aos sistemas computacionais, pois as ameaças se tornaram cada vez mais bem organizadas e mais difundidas (Geus; Grégio; Melo, 2015).

6.1.2 Qualidade

As tecnologias vestíveis (ou *wearables*) são destaque na mídia por meio dos entusiastas do *fitness*, que usam pulseiras que monitoram a frequência cardíaca, a velocidade e o desempenho nos exercícios (Ohta et al., 2015). Olhando potencialmente para os *wearables*, podemos encontrar os serviços de assistência médica e um vasto mercado. Ainda, é possível imaginar, por exemplo, os inúmeros portadores de diabetes do tipo 2 ao redor do mundo podendo ter à sua disposição o monitoramento da quantidade de açúcar no sangue por meio dessas tecnologias.

Os pacientes poderão receber notificações precoces que permitirão melhor gerenciamento da condição de saúde, além de poderem compartilhar esses dados com seus médicos para acompanhamento mais preciso (Ohta et al., 2015). Esses dados poderão ser utilizados pelas empresas de serviços e produtos no sentido de orientar os consumidores com receitas e menus personalizados.

6.1.3 Agilidade

Quanto mais as despensas ou geladeiras residenciais e os depósitos comerciais passarem a utilizar sensores interconectados, detectando as mudanças de volume e de temperatura, os fabricantes e fornecedores de bens de consumo e varejistas poderão incorporar tais informações a seus cálculos na cadeia de suprimentos, tornando-os mais flexíveis e ágeis na reposição dos estoques e reduzindo, assim, os custos dessas operações.

De acordo com Pessoa et al. (2016), o valor agregado da IoT ocorrerá na conexão e na compreensão de grandes classes de dados. As organizações – quando analisarem dados de diferentes fontes como mídias sociais, informações meteorológicas, informações do trânsito, localização de *smartphones*, vendas e cadeias de suprimentos – poderão começar a identificar padrões e prever oportunidades de vendas. Ao fazer estimativas ao longo de toda a cadeia de suprimentos, as organizações poderão melhorar drasticamente sua eficiência e potencializar as oportunidades (Pessoa et al., 2016). Poderão, ainda, redirecionar produtos para onde eles são mais demandados, como lojas e *sites* que promovam os produtos certos, na hora certa, no local certo.

6.1.4 Sustentabilidade

Em boa parte das vezes, o setor de TI passa a impressão de que a IoT envolve tecnologias inteligentes incorporadas a tudo o que é objeto. Em um primeiro momento, isso até pode ocorrer, mesmo em situações relativamente insignificantes, que simplesmente transmitam dados sobre a situação de determinado ambiente físico (luz, umidade, temperatura e movimento). No entanto, em uma cadeia de suprimentos ou em pontos de venda, podem ser fornecidos dados de maior relevância que, se bem analisados e bem utilizados, reduzem significativamente os custos operacionais, além de melhorar o gerenciamento de toda a cadeia.

Com simples sensores de captura de dados conectados em toda a cadeia de suprimentos, as organizações podem identificar e prever a localização e as condições de produtos perecíveis, desde o campo até à mesa do consumidor. Com isso, a deterioração de produtos perecíveis pode ser drasticamente diminuída, pois se passa a ter o conhecimento das condições de cultivo, de armazenamento e de quando eles estarão em seu melhor estado de consumo (Pessoa et al., 2016).

Portanto, a IoT não está restrita à tecnologia da informação, uma vez que abrange dados e percepções, oferece às organizações o poder de entender detalhadamente sua cadeia de suprimentos, além de trabalhar com seus parceiros no sentido de inovar e responder rapidamente a eventos inesperados ou tendências emergentes. A IoT, então, oferece às organizações a capacidade de enxergar como o mercado consumidor se utiliza de suas lojas, dos seus serviços *on-line* e até mesmo dos seus produtos no seu cotidiano. As organizações podem criar serviços e produtos sincronizados com as reais necessidades e desejos de seus clientes, tornando sua presença vital e sua marca valiosa.

6.2 *Blockchain* e tecnologias IoT

O emprego de tecnologias IoT tem sido abordado nos mais variados segmentos, como casas e cidades inteligentes, saúde inteligente, fábricas inteligentes, entre tantas outros. Entretanto, destacamos a grande vulnerabilidade que oferece no quesito *segurança e privacidade*.

A conexão entre os dispositivos IoT acontece por meio de uma abordagem descentralizada, o que dificulta sobremaneira a aplicação de técnicas de segurança na comunicação entre os nós em questão. A fim de reverter tais vulnerabilidades, novos paradigmas de redes têm sido concebidos com vistas a desenvolver uma tecnologia com base no conceito *blockchain*.

Em suma, para Avila et al. (2019), o *blockchain* configura uma espécie de banco de dados distribuído e seguro, composto por vários pares capazes de rastrear, verificar e executar transações, além de armazenar informações de uma grande variedade de entidades, sendo capaz de oferecer mais transparência, segurança e rastreabilidade aprimorada, alta eficiência, redução dos custos e nenhuma intervenção de terceiros.

Essa tecnologia, *blockchain*, representa uma revolução nos sistemas de registros e é considerada emergente pela indústria e pelos centros de pesquisas. Pode desempenhar um importante papel no monitoramento, no controle e, o mais importante, na proteção dos dispositivos IoT. Tal combinação de tecnologias IoT e *blockchain* favorece o compartilhamento de recursos e serviços de IoT, permitindo a automação dos fluxos de trabalho críticos de maneira criptográfica.

É muito clara a eficiência da combinação das tecnologias IoT e *blockchains*, por meio da qual os dados transmitidos podem ser criptografados e protegidos pela assinatura digital do remetente que tem um par de chaves exclusivo (Lyra, 2019). Assim, a autenticação e a integridade dos dados transmitidos são garantidas. Todas as transações feitas por meio de dispositivos IoT são registradas no livro-razão distribuído e podem ser rastreadas por todo o sistema, o que garante total segurança.

Apesar de o *blockchain* parecer representar uma panaceia para resolver problemas de privacidade e segurança da atual IoT baseada em arquiteturas centralizadas, é necessário pesquisar muito sobre sua incorporação nas modernas redes IoT. Existe o consenso de que a maioria dos algoritmos usados pelos atuais sistemas baseados em *blockchain* não foi projetada para ser processada em dispositivos que tenham limitações extremas de recursos de computação. Avila et al. (2019) citam que o primeiro algoritmo em conformidade com a rede *blockchain* foi o Proof-of-Work (PoW) (em tradução livre, "prova do trabalho executado"). Esse algoritmo distribui a responsabilidade por uma decisão a todos os nós da rede (os mineradores). Esse processo de mineração requer uma grande capacidade de computação (Avila et al., 2019).

6.2.1 Integração entre as tecnologias IoT e *blockchain*

Vários setores têm feito uso das tecnologias IoT, tais como saúde, logística, indústria, segurança, entre outros. Similarmente, *blockchain* tem despertado grande interesse em pesquisadores e empresas graças à sua eficácia em prover segurança e transparência. Reconhece-se no *blockchain* um enorme potencial para se tornar a estrutura organizacional capaz de interconectar todos os dispositivos e registrar dados da Indústria 4.0. O *blockchain* tem sido bastante difundido nos serviços financeiros, mas o grande desafio para o mercado tecnológico é estender sua aplicação de modo colaborativo com a IoT (Avila et al., 2019).

Avila et al. (2019) citam alguns aspectos inerentes à integração entre as tecnologias IoT e *blockchain*:

- **Estrutura descentralizada**: essa abordagem está presente tanto na IoT quanto em *blockchain*. A ideia aqui é abandonar o modelo centralizado e adotar a facilidade de um sistema descentralizado, a fim de diminuir a probabilidade de falhas e melhorar o desempenho do sistema como um todo.

- **Identificação**: em um ambiente IoT, todos os dispositivos conectados são identificados de maneira única e exclusiva. De modo similar, cada bloco no *blockchain* é identificado exclusivamente. Portanto, o *blockchain* se apresenta como uma tecnologia extremamente confiável ao prover dados identificados de modo único e exclusivo e armazená-los no livro-razão distribuído.

- **Confiabilidade**: os nós IoT integrados ao *blockchain* têm a capacidade de autenticar as informações transmitidas na rede. Assim, os dados são plenamente confiáveis porque são verificados pelos mineradores antes de entrar no ambiente *blockchain*, ou seja, sem essa verificação nenhum bloco de dados é admitido no ambiente *blockchain*.

- **Segurança**: o aspecto mais marcante no *blockchain* é que as transações entre os nós são totalmente protegidas. Trata-se de uma abordagem inovadora no âmbito da segurança das comunicações, garantindo que os dispositivos IoT se comuniquem entre si de maneira segura.

- **Autonomia**: no ambiente *blockchain*, todos os nós da IoT são livres para se comunicar diretamente com qualquer outro nó da rede, não existindo a necessidade de passar pelo sistema centralizado.

- **Escalabilidade**: no ambiente *blockchain*, os dispositivos IoT se comunicam com alta disponibilidade, caracterizando uma rede inteligente distribuída, na qual novos dispositivos IoT podem conectar-se em tempo real e trocar informações.

É muito claro o potencial da integração IoT com *blockchain*. Entretanto, há, ainda, muitos desafios a serem enfrentados. Um deles se refere à escalabilidade, pois o *blockchain* pode entrar em colapso se houver uma enorme carga de transações. Para termos uma ideia, o armazenamento Bitcoin ultrapassou a marca de 197 GB em 2019 (An ACS Technical White Paper, 2019). Se levarmos em conta a integração IoT e *blockchain*, certamente essa carga será muitas vezes maior. Além disso, há a questão do armazenamento. Considerando que o livro-razão deverá estar armazenado em todos os nós da IoT, isso representará, também, um aumento significativo do volume de armazenamento em todos os dispositivos conectados.

A An ACS Technical White Paper (2019) destaca que deve ser considerado outro aspecto, que diz respeito à regulamentação, pois a ideia é que a IoT integrada ao *blockchain* atue de modo universal, razão pela qual deverá seguir muitas regras e regulamentos ao ser implementada, indo na contramão do que sempre defenderam os idealizadores do *blockchain*.

Há crescente consenso entre as empresas de tecnologia de que o *blockchain* é essencial para desbloquear o potencial da internet das coisas. No relatório da IBM intitulado *A democracia dos dispositivos: preservando o futuro da internet das coisas*, a empresa identificou o valor do *blockchain* da seguinte forma:

> Em nossa visão de uma Internet das Coisas descentralizada, o Blockchain é a estrutura que facilita o processamento de transações e coordenação entre os dispositivos que interagem. Cada um gerencia suas próprias funções e comportamento, resultado em uma Internet das Coisas Descentralizada e Autônoma. (Tapscott, 2016, p. 194)

6.3 IoT e criptomoedas

Cada vez mais as criptomoedas têm conquistado o mundo. A mais conhecida delas é o *bitcoin*, embora outras moedas virtuais têm atraído bastante atenção. Vamos ver um pouco delas a seguir.

6.3.1 Iota

A Iota foi concebida por David Sønstebø, Sergey Ivancheglo, Dominik Schienere e Serguei Popov no ano de 2015, sendo considerada a espinha dorsal da IoT (Oliveira, 2019).

De acordo com Lima (2019b), é o primeiro projeto *open source* (código aberto) de registros distribuídos a ser concebido para conferir autonomia às coisas (Iota), permitindo que dispositivos eletrônicos possam realizar transações entre si rapidamente de maneira segura. Não faz uso do *blockchain*, e sim do *tangle*, que é uma estrutura de dados distribuída que "permite a verificação e autenticidade das transações ponto a ponto, com alguns dispositivos fazendo a validação das transações e garantindo a autenticidade das mesmas, em uma forma de registro distribuída e que não permite invasão" (Lima, 2019b).

O *tangle* é uma estrutura de dados e

> base de como funciona a IOTA, a tecnologia por trás da IOTA, é um tipo específico de gráfico direcionado, que contém transações ligadas. Cada transação é representada como um vértice neste gráfico. Quando uma nova transação se une ao emaranhado de transações, ela escolhe duas transações anteriores para aprovar, adicionando duas novas arestas ao gráfico. Portanto, o tangle é dinâmico e fica sempre mudando. (Lima, 2019b)

Existem diversas aplicações para a Iota, algumas das quais, citadas por Lima (2019b), apresentamos e descrevemos a seguir:

Carregamento inteligente e cadeia de suprimentos

Habilita a condição de os dispositivos saberem quem, onde e em que momento determinado a transação aconteceu. Com isso, pode rastrear as transações de um objeto da cadeia de suprimentos. Essa condição permite ter uma noção bem ampliada de diferentes parâmetros de dispositivos eletrônicos que estão sendo monitorados, verificar se os dados de monitoramento de um dispositivo foram transacionados sempre ao longo da cadeia de suprimentos, com a programação dos dispositivos inteligentes para esse fim (Lima, 2019b).

Carregamento inteligente

Vislumbrando o futuro, quando os carros forem em maior parte elétricos, teremos estações de carregamento fazendo uso de painéis solares para cuja cobrança pode ser utilizada a Iota. Para esclarecer, esses veículos poderiam ser carregados com o uso de painéis solares de acordo com sua capacidade ociosa, à noite. Nesse caso, o próprio veículo poderia vender a energia excedente, para a rede, de maneira segura e instantânea, alimentando outros locais ou os aparelhos do próprio dono. Para que isso ocorra, será imprescindível que os dispositivos eletrônicos sejam autônomos, validando as transações.

Atualmente, compramos e vendendo por meio de um intermediário com ligação a uma instituição bancária, inviabilizando a compra e venda constante por conta das taxas.

> *A IOTA não tem custo de transação e não precisa de uma infraestrutura de PCs minerando, como o Bitcoin e depende apenas de dispositivos eletrônicos vizinhos ativos na rede IOTA, ou seja, conectados e dispostos a validar as transações, conforme, claro, os padrões e regras estabelecidas pela rede.* (Lima, 2019b)

6.3.2 Wabi

A falsificação de produtos tem sido uma prática muito recorrente, cadeia em cujo topo a China se encontra, uma vez que o país tem sido responsável por falsificar mais da metade dos itens do mundo. Estima-se, só em 2019, que em torno de mais de 400 bilhões de dólares em itens foram falsificados, o que causa prejuízo substancial para as organizações e pode implicar problemas consideráveis aos consumidores desses itens (Lima, 2020c).

WaliMai, empresa chinesa, atualmente Techrock*, viu que poderia certificar a autenticidade dos produtos ligando o mundo físico ao digital pelo uso do *blockchain*, criado para esse fim. Observou, nesse contexto, a demanda de garantia de procedência dos produtos, em especial aqueles em cujas fórmulas havia álcool e cosméticos para bebês e crianças. Para garantir a certificação de autenticidade, desenvolveram um sistema com etiquetas RFID utilizando um *design* preparado especialmente para evitar que fossem reutilizadas as

---

* Para saber mais sobra a Techrock, visite: <https://en.everybodywiki.com/Techrock1>.

etiquetas, tipo lacres, conjuntamente com aplicativos para dispositivos móveis que possibilitassem a certificação dos produtos por meio da leitura dos lacres RFID.

A Wabi é uma criptomoeda (ERC-20 token*) desenvolvida para dar suporte a esse sistema da Walimai. É utilizada na compra dos produtos que fazem uso dessa tecnologia de rastreamento, sendo bem parecida com um programa de fidelidade, em que é possível acumular pontos. Os principais beneficiados são os consumidores, que poderão adquirir produtos protegidos por essa tecnologia que faz uso da RFID. Dessa maneira, a cadeia fica protegida, da produção até a compra, por meio do registro de todas as informações, graças à tecnologia do *blockchain*, com intuito de proteger a autenticidade de toda a cadeia de compra dos consumidores.

> O projeto Wabi é um programa de lealdade baseado em blockchain que encoraja e premia quem utiliza o canal seguro de comercialização Walimai e, dessa forma, estabelece uma segurança coletiva mediante as ações individuais responsáveis. A chave do sistema então é garantir a segurança das transações em bens materiais (não digitais), mas que possuem uma forma de rastreamento não intercambiável (mesmo porque não é possível a troca de lacres entre produtos). (Lima, 2020c)

Algumas situações novas vão surgindo, já que, ao garantirmos a autenticidade do produto, poderemos ter novas formas de comércio. Se houver a garantia da proteção de qualidade e a credibilidade na procedência do produto com um lacre RFID, é possível fazer comercialização ponto a ponto ou via internet, e/ou nas redes sociais, sem preocupações, pois o mercado começará a ser centralizado no produto, e não mais nos canais que garantiriam a procedência deste (Lima, 2020c).

---

* "ERC (*ethereum request for comments*) é um protocolo oficial para fazer sugestões para melhorar a rede Ethereum; 20 – é o número de identificação único da oferta" (Guia do Bitcoin, 2020).

6.3.3 Modum

Várias são as aplicações de *blockchain* para a cadeia de suprimentos, uma vez que possibilita, por meio de dispositivos e mecanismos de IoT, que haja "transparência entre parceiros, compradores e vendedores, e também permite rastreabilidade de todo o processo, nos aspectos medidos, apontados e registrados no Blockchain" (Lima, 2020b).

Podemos citar, por exemplo, o transporte de produtos, na execução do qual o uso da tecnologia do *blockchain* seria útil para garantir a transparência e confiabilidade das informações. São inúmeros os produtos sensíveis às condições climáticas durante seu percurso e mesmo nos períodos em que ficam estocados. Entre os mais sensíveis ao transporte, estão os produtos farmacêuticos – boa parte das drogas necessitam de certo padrão de aclimatação para evitar que as cápsulas ou líquidos não percam a eficácia. Para que os produtos não sejam danificados, o ideal é que o processo de transporte da indústria farmacêutica até o consumidor final seja monitorado, garantindo, assim, as condições adequadas ao produto.

> *Em 2013 a União Europeia atualizou a regulamentação que delimita as condições em que os medicamentos devem ser transportados e armazenados. Nessa atualização, os órgãos governamentais exigem prova que os medicamentos não foram expostos a condições que puderam comprometer sua qualidade e integridade. Então, para todo transporte, um planejamento de risco deveria ser feito para aferir que os medicamentos não sofreram nenhum dano. Foi exigido também que as condições necessárias para transporte determinadas pelo fabricante fossem mantidas e respeitadas.* (Lima, 2020b)

A proposta do Projeto Modum*, que é *open source*, é garantir a integridade dos dados nas operações de cadeia de suprimentos por meio do uso da tecnologia *blockchain***. Para isso, desenvolveu sensores que gravam as condições ambientais, de maneira autônoma, durante o transporte dos produtos físicos. Ao entregar o produto, ou quando este é trocado de mãos, os dados que são coletados referentes às condições, durante o trajeto da mercadoria são devidamente registrados em um contrato inteligente, no *blockchain*. Quando a informação chega ao *blockchain*, ela não pode ser alterada, momento a partir do qual passa a ser descentralizada e acessível publicamente. Esse contrato faz a validação de que toda a transação estará de acordo com os padrões e regulamentações determinados "por quem enviou o produto, ou pelo cliente, ou pelos próprios reguladores, interessados pelo cumprimento das regras, e pode iniciar várias ações, dentre elas: notificar quem enviou a mercadoria e receber ou fazer pagamentos, etc." (Lima, 2020b).

De acordo com Lima (2020b), no Modum são incluídos: sensores IoT colocados dentro das caixas, junto com os produtos; aplicativo para dispositivos móveis, "servidores *online* e disponibilização de um Dashboard para acompanhamento da mercadoria (*tracking*), visualizações dos dados, além dos contratos inteligentes, emitidos pelo sistema baseado nos dados lidos pelos sensores e nos limites impostos por quem enviou a mercadoria" (Lima, 2020b).

No contrato inteligente final de entrega do produto, são disponibilizadas as informações de que o transporte ocorreu dentro dos limites de temperatura que foram estipulados, além de um *hash**** das

---

* "Quem está por trás desse *token* é a *startup* de tecnologia Modum.io AG, fundada em 2016 e baseada em Zurich, na Suíça. Tem uma equipe formada por mais de 10 pessoas e tem parcerias com a University of Zurich e University of St. Gallen" (Lima, 2020b).

** O token MOD utiliza tecnologia Ethereum ERC20 (Lima, 2020b).

*** "A função Hash (Resumo) é qualquer algoritmo que mapeie dados" (Pisa, 2012).

medições realizadas pelo sistema e de um ponteiro que disponibiliza o acesso às medidas realizadas pelo sistema, que estão públicas.

Além disso, os múltiplos níveis de acesso ao sistema são disponibilizados a quem faz seu uso, fazendo também que a segurança ocorra do lado do *dashboard* ou do aplicativo do dispositivo móvel.

6.3.4 Ambrosus

É uma solução integrada, cujos componentes podem ser itens de *hardware*, *software* e camadas de aplicação, que fazem uso da tecnologia *blockchain* e buscam assegurar a "origem, qualidade, originalidade de itens que circulam por uma rede. Seu foco principal é em produtos essenciais para nossas vidas, alimentos e fármacos" (Lima, 2020a).

Vejamos alguns exemplos de uso desse *blockchain*:

- *Origem do alimento e monitoramento de seu caminho, da produção até o ponto de venda ou consumidor;*
- *Melhoria do processo de logística através do conhecimento de toda a cadeia de suprimentos mapeada;*
- *Entrega de alimentos ou medicamentos sem intermediários, onde o produto poderia ser vendido do produtor diretamente ao consumidor final.* (Lima, 2020a)

Um dos objetivos da Ambrosus é transformar qualquer item da cadeia de fornecimentos em um bem digital confiável, *trustred digital asset*, que possa ser rastreado, compartilhado, comercializado, comprado ou vendido por meio de *smart contracts* (contratos inteligentes). Foi concebida pensando-se em uma tecnologia totalmente *open source*, com base na qual se podem customizar os nós e até mesmo os contratos inteligentes de acordo com a aplicação ou os sistemas na integração com a rede Ambrosus.

O projeto Ambrosus tem a função de ser um sistema que faz uso de sensores interconectados, que podem vir a garantir qualidade, uma vez que grava de modo seguro e confiável todo o histórico de um produto. A proteção à integridade e o acesso à verificação confiável dos dados provenientes dos sensores podem ser garantidos pelo *blockchain*. A Ambrosus é construída com a utilização do "Blockchain Ethereum, por onde as transações são realizadas. A maioria dos padrões GS1 são suportadas pela rede" (Lima, 2020a). Lima (2020a), disponibiliza alguns exemplos de uso do Ambrosus:

Cenário 1 – Comprador

Diversos peixes estão expostos no marketplace. Cada um dos vendedores mostra uma imagem, o endereço de Ether, o preço e descrição do produto. O comprador tem segurança por comprar nesse marketplace pois o vendedor garante algumas informações que serão cumpridas, por exemplo, no transporte do alimento, isso porque está sendo emitido um contrato inteligente na compra do alimento anunciado e será monitorado o envio do peixe.

Cenário 2 – Vendedor

O Vendedor pode cadastrar seu produto no marketplace, incluir descrição e carteira de ether e também especificar as condições de transporte para o produto. Ele coloca o seu produto e aguarda um comprador. Assim que a venda é feita, um contrato inteligente é emitido e a transação registrada no Blockchain.

A união que tem ocorrido entre os métodos tradicionais e o *blockchain* possibilita maior competição no setor tradicional da indústria, que não para de crescer. A segurança e o menor custo permitem a melhora na qualidade de vida no consumidor final dessa cadeia que movimenta o mundo todos os dias.

6.3.5 Bottos

O Bottos, iniciativa de uma *startup* chinesa, é um projeto cuja proposta é construir uma infraestrutura descentralizada com foco em IA. Foi idealizada para ser uma plataforma que habilita a circulação de dados entre diferentes atores de um ecossistema de IA, atendendo à necessidade de ter disponíveis dados de alta qualidade, condição essencial na indústria de IA, por cuja rede (também criada com esse propósito) modelos e dados pessoais de máquinas de grande valor podem transitar.

A promessa da rede projetada pela Bottos, cuja circulação de dados faz uso da tecnologia *blockchain*, é a de ser uma das mais movimentadas no mundo, pois o volume de dados produzido por ela será enorme.

> *Uma vez que os robôs, máquinas, sistemas de IoT e hardwares inteligentes em geral, tem um local para troca de dados e modelos ricos em informações que podem cooperar com o "desenvolvimento" ou "crescimento" de outra máquina, a Bottos promete ser um dos elos importantes na revolução da indústria de IA e 4.0. Trata-se então de um grande local com muitos dados estruturados podendo ser oferecidos e comprados por quem precisa desses dados como fonte para aperfeiçoamento de máquina.*
> (Lima, 2019a)

Prevendo-se que os dados e modelos podem ser protegidos por contratos inteligentes e precificados de acordo com sua utilização e serventia para a rede, pode ser que a Bottos venha a formar um padrão mundial de precificação dos dados globais, passando a ser um bem precificável e garantindo seu valor.

6.4 Gestão do projeto IoT: experimentação, confiabilidade e segurança

Recentemente, o termo *IoT* tem sido muito empregado, o que impacta diversos setores baseados em tecnologias avançadas. Na estrutura da IoT, está prevista a transformação dos objetos do nosso cotidiano em sistemas inteligentes que conectem a rede global de dispositivos e objetos pela internet e seja essencialmente embasada em ecossistemas interdisciplinares, tais como rede de sensores, sistemas embarcados, plataformas de *big data*, computação em nuvem e arquitetura orientada a serviços.

Encontramos inúmeras diferenças entre os projetos de IoT e os projetos tradicionais. Os projetos de IoT envolvem a fase de pesquisa e desenvolvimento, considerada um trabalho mais técnico. Além disso, são projetos demorados que exigem um conjunto avançado de habilidades, além de requerer modelos de negócios mais bem definidos. Pires et al. (2015) alertam para uma crescente taxa de falhas de projetos de IoT, o que demanda a busca de filosofias de gerenciamento de projetos que enfatizem evolução e interoperabilidade, disponibilidade e resiliência, confiabilidade, segurança e privacidade e desempenho e escalabilidade.

6.4.1 Experimentação

É imprescindível a definição de toda a infraestrutura de uma plataforma IoT antes que qualquer integração seja iniciada. Em um projeto IoT devem estar definidas questões relativas à integridade dos dados e quais serão as principais funcionalidades do sistema IoT, a fim de que seja processada sua experimentação. Essas possibilidades de experimentação devem ser suportadas pelas ilhas de redes de sensores em uma infraestrutura de rede global (típicas da IoT), criando desafios ao exigirem uma série de recursos e capacidades para esses experimentos.

De acordo com Souza (2015), os principais aspectos que devem ser observados para apoiar o processo de experimentação das redes de sensores para a IoT:

- **Escala**: realização da experimentação no mundo real e em ambientes de implantação.
- **Heterogeneidade**: desenvolvimento de protocolos capazes de estabelecer a troca de informações por uma grande variedade de dispositivos IoT integrados a diferentes plataformas serviços.
- **Mobilidade**: interação dos dispositivos IoT – fixos e móveis – em cenários da vida real.

- **Realismo da experimentação:** os experimentos no ambiente real oferecem um grau de realismo da experimentação não alcançado pelos ambientes de simulação. As tecnologias IoT são fortemente dependentes das condições ambientais para que foram desenvolvidas.
- **Centralização dos dados:** experimentação da operação das redes de sensores – comunicação, protocolos etc. – e experimentação dos dispositivos IoT – serviços que os objetos fornecem, como coleta de dados e relatórios.
- **Simultaneidade:** a experimentação deve contemplar a possibilidade de incorporação de novos dispositivos IoT de maneira integrada.

Ressaltamos que tais aspectos da experimentação representará a criação de uma importante base de testes que subsidiará projetos IoT futuros.

6.4.2 Confiabilidade

Os projetos têm de ter, em suas bases, a questão da confiabilidade, ou seja, a garantia de que o produto desse projeto atingirá o desempenho esperado. Assim, a confiabilidade de um sistema IoT será determinada com base nos aspectos de confiabilidade de cada um de seus componentes.

Coelho e Cruz (2017) propõem que um projeto IoT deva contemplar algumas funções relativas à confiabilidade, quais sejam:

- camada de visão;
- camada de comunicação (internet, rede móvel e satélite);
- camada de aplicação.

A confiabilidade pode ser aplicada ainda a outros requisitos de IoT, por exemplo na qualidade de serviço e no gerenciamento de dados. Alguns questionamentos, como "Qual é a confiabilidade dos dados adquiridos pela IoT?", auxiliam na mensuração da confiabilidade dos dados dos sensores da IoT, com base em fatores como perda de dados, ruído, dados inválidos e redundância de dados. As respostas para esse tipo de questionamento podem ser norteadoras para a criação de modelo de confiabilidade para dados da IoT (Coelho; Cruz, 2017).

6.4.3 Segurança

O disparado aumento do número de dispositivos que estão conectados à internet, em conjunto aos avanços das TIC, colabora para o surgimento de uma infinidade de aplicações IoT. Isso possibilita que os usuários obtenham os serviços personalizados de maneira inteligente, fazendo uso de suas informações de contexto e de perfil para melhorar sua experiência. Entretanto, essas redes centradas nos usuários apresentam um problema crítico relacionado à segurança das informações, pois seus diversos dispositivos passam a fazer o compartilhamento delas em um ambiente extremamente volátil.

Os projetos de sistemas IoT têm como grande desafio aplicar políticas de segurança com base em dois aspectos.

1. A segurança da aplicação, que tem por finalidade proteger as informações quando o usuário se utiliza de um sistema específico (Pires et al., 2015).

2. A segurança do usuário, que visa garantir a proteção das informações confidenciais do usuário (Pires et al., 2015).

Se obedecer a esse tratamento referente a essas questões de segurança, um projeto IoT poderá ter assegurada uma troca de informações precisa e protegida, garantindo, assim, que as informações somente serão acessadas por um usuário autorizado. Outra questão relacionada à segurança das informações das aplicações IoT diz respeito à acessibilidade das informações, contexto em que, a partir do instante em que um usuário está autorizado a acessar tais informações, isso deve ocorrer independentemente de sua localização e de seu contexto. Por fim, vale destacar o aspecto da privacidade, por meio da qual o sistema não deve permitir que as ações implementadas sejam violadas sob qualquer circunstância.

6.5 Controle, segurança e privacidade nas transações de dados e produtos

Vislumbramos que, no mercado global, tem ocorrido ampla adoção da IoT no setor de consumo. Dispositivos *wearables* (ou vestíveis), eletrodomésticos inteligentes, iluminação, entretenimento e outros dispositivos inteligentes estão se tornando cada vez populares, razão pela qual a previsão é de que esses dispositivos inteligentes continuem a crescer em um ritmo acelerado.

Várias cidades pelo mundo adotaram a IoT a fim de se tornarem cidades inteligentes, capazes de analisar e agir com base em dados capturados por uma imensa quantidade de sensores espalhados por determinada região. De acordo com Silva (2018), no setor de saúde, a IoT tem sido utilizada ao incorporar a conectividade e a inteligência de rede em dispositivos de monitoramento de pacientes, bem como em interconexões entre os recursos pessoais e comerciais de IoT, em que os dispositivos inteligentes podem coletar informações e transmiti-las aos prestadores de serviços de saúde por meio da nuvem.

O setor de transporte está também em destaque. Veículos conectados à infraestrutura IoT já são capazes de circular de modo autônomo, criando a expectativa futura de que a capacidade de coletar e analisar dados de sensores de equipamentos na estrada se tornará ainda mais importante. No setor de energia, os sistemas integrados e interconectados, tais como os de subestações e de redes inteligentes, tendem a aumentar o nível de automação do sistema de energia e a acessibilidade remota, com vistas a fornecer informações a uma grande quantidade de usuários em tempo real, além de controlar o número de tarefas de otimização das operações e do desempenho (Silva, 2018).

6.5.1 Ameaças e desafios

O paradigma da IoT prevê a interconexão e a cooperação difundidas de coisas inteligentes ao longo da futura infraestrutura da internet. A internet das coisas é, portanto, a evolução da internet para cobrir o mundo real, permitindo muitos serviços novos que melhorarão a vida cotidiana das pessoas, gerarão novos negócios e criarão edifícios, cidades e transporte de maneira mais inteligente. Coisas inteligentes viabilizam, de fato, a coleta ou o rastreamento de dados onipresentes. No entanto, esses recursos úteis são também exemplos de ameaças à privacidade que já limitam o sucesso da internet das coisas quando não são implementados corretamente. Essas ameaças envolvem novos desafios, como o gerenciamento generalizado de informações pessoais.

O futuro da internet das coisas tem ligação direta com a segurança e a privacidade dos usuários. São milhares de dispositivos conectados que estarão em todos os lugares, os quais vão coletar grande quantidade de dados pessoais.

A IoT prevê a interconexão de bilhões a trilhões [1, 2] de coisas inteligentes ao nosso redor, coisas cotidianas identificáveis e endereçáveis com a capacidade de coletar, armazenar, processar e comunicar informações sobre si mesmos e seu ambiente físico.

Os sistemas de IoT oferecerão serviços avançados de um tipo totalmente novo, baseado em cada vez mais refinada aquisição de dados em um ambiente densamente povoado com coisas inteligentes. Exemplos desses sistemas de IoT são difundidos na saúde, em sistemas avançados de gerenciamento de edifícios, serviços municipais e vigilância pública.

A IoT é um conceito em evolução que compreende um número crescente de tecnologias e exposições em uma variedade de recursos variáveis. Entre estes, testemunhamos a explosão no número de coisas inteligentes e novas maneiras de interagir com os sistemas e dar *feedbacks*. Esses novos recursos da IoT vão agravar problemas de privacidade e introduzir ameaças imprevistas que apresentam problemas técnicos desafiadores.

6.5.1.1 Ameaças às tecnologias IoT

A IoT representa uma enorme quantidade de dispositivos implantados e incorporados em um ecossistema. Os dados capturados por esses dispositivos podem ser analisados e usados em tomada de decisões. Em determinados casos, os dispositivos IoT são também capazes de executar algumas tarefas. Esses dispositivos periféricos estão se tornando onipresentes e têm permitido massivas coletas de dados. A análise desses dados possibilita que relações sejam estabelecidas, o que causa grande preocupação com relação à privacidade das organizações e dos indivíduos (Pires et al., 2015). Em muitos casos, eles nem estão cientes de que estão sendo rastreados, dada a capacidade de dispositivos IoT poderem ser incorporados em praticamente qualquer ambiente. Dessa forma, torna-se indispensável garantir a segurança de cada componente de um sistema de IoT a fim de impedir que agentes mal-intencionados tirem proveito do poder da IoT de maneira não autorizada. Silva (2018) lista uma série de ameaças e vetores de ataque a um sistema IoT:

- Acesso físico a residências ou instalações comerciais por meio de ataques a dispositivos IoT de trava de portas.
- Danos à infraestrutura, ao fornecimento de energia ou à regulação de temperatura por meio da manipulação de recursos críticos de segurança.
- Fraudes em transações comerciais e financeiras por meio de acesso não autorizado a pontos de vendas.
- Diagnósticos e tratamentos inapropriados de pacientes com base em informações de saúde ou em dados de dispositivos médicos implantáveis manipulados.
- Perda do controle de veículo assistido por IoT pela negação de serviço de comunicações.
- Vazamento de informações confidenciais pela fusão de dados obtidos de diferentes sistemas e sensores IoT.

- Rastreamento não autorizado da localização geográfica e dos padrões de uso dos indivíduos com base no tempo e na duração de uso dos recursos.
- Vigilância ilegal por meio de monitoramento remoto e contínuo por dispositivos IoT de pequeno porte.

A geração e a análise de dados são essenciais para os sistemas IoT, sendo necessária uma eficiente proteção de dados durante todo seu ciclo de vida. O gerenciamento de informações nesse nível é extremamente complexo, pois nele os dados fluem por meio de muitas instâncias, com diferentes políticas e propósitos. Além disso, não raro, os dados são processados e armazenados em dispositivos periféricos com recursos limitados, tornando-os vulneráveis a ataques (Silva, 2018). Isso exige a criação de controles de privacidade em vários pontos do ecossistema IoT, principalmente naqueles que exigem o consentimento do usuário para a captura e a transferência de dados entre os parceiros IoT e naqueles em que os dados são armazenados para futura utilização.

6.5.2 Energia e *blockchain*

Notícias sobre a tecnologia de *blockchain* têm estampado as primeiras páginas de praticamente todos os grandes *sites* de notícias do mundo, o que é impulsionado pelo bitcoin e diversas outras criptomoedas. Mas o uso do sistema de *blockchain* para validação e autenticação de transações não se limita a essas questões, tendo aplicações praticamente infinitas, e o campo de energia não é uma exceção.

Telles (2018b, p. 64-65) apresenta algumas aplicações que fazem uso do *blockchain*:

> *O smart grid das distribuidoras permite que, por meio delas, consumidores que gerem excedentes por meio de fontes alternativas e residenciais recebam créditos ou mesmo "vendam" sua energia para distribuidores.*
>
> *Entretanto, assim como ocorre com o mercado de criptomoedas, a aplicação do blockchain permitiu a criação de uma rede*

capítulo 6

na qual, sem qualquer centralização ou controle, consumidores podem revender sua energia extra para outros consumidores. Uma espécie de "peer-to-peer" de energia elétrica.

A Brooklyn Microgrid, em Nova Iorque, foi criada de forma a conectar toda a rede de energia elétrica. A empresa, recente, diz usar a tecnologia de blockchain de modo a permitir a troca de energia (e não apenas créditos ou "vales") entre consumidores finais.

O projeto chama-se TransActive Grid, e resulta de uma parceria entre a Brooklyn Microgrid e os desenvolvedores de tecnologia blockchain da ConsenSys.

Contudo, o conceito "smart" aqui não está apenas na possibilidade de venda de energia entre vizinhos. A transmissão de energia elétrica gera perdas – quanto maior a distância de transmissão, maior o volume de perda de potência ao longo do caminho. No Brasil, por exemplo, onde a matriz principal ainda é a hidrelétrica, distâncias percorridas por linhas de transmissão chegam a milhares de quilômetros.

A proposta da Brooklyn Microgrid conecta não apenas "peers", mas oferece maneiras de garantir que a energia percorrerá um caminho menor – gerando menos perdas. A ConsenSys, para operar o projeto até o momento, utilizou a mesma lógica de blockchain aplicada numa das principais criptomoedas hoje em atividade, o Ether[*].

Podemos afirmar que uma das aplicações mais importantes dos sistemas inteligentes de IoT está voltada para a eficiência energética. Cada vez mais, na indústria e na agricultura, haverá, com esses dispositivos, a diminuição no consumo de energia, o que, por sua vez, está diretamente relacionado a processos menos custosos e mais sustentáveis.

---

* Sistema Ethereum – que gere o mercado da criptomoeda Ether.

6.5.3 Riscos

A prevenção de riscos também é afetada pela internet das coisas. De acordo com Telles (2018b), a IoT produziu inteligência estatística e matemática com aplicações ilimitadas. À medida que aumenta o volume de informações e interações de dispositivos criadas por IoT e *big data*, mesmo fenômenos antigamente imprevisíveis e que se alastram rápido, como desastres naturais (tornados, terremotos, incêndios etc.), podem ser antecipados, gerenciados e, assim, prevenidos.

Essas questões podem ter soluções tecnológicas que vão alertar sobre determinadas situações. Entretanto, todos os que fizerem uso da IoT precisam desenvolver e compreender a importância do que é a segurança de IoT e do porquê ela é uma questão crucial.

6.5.4 Definição de privacidade

Privacidade é uma noção muito ampla e diversificada para a qual a literatura oferece muitas definições e perspectivas. A privacidade das informações foi definida por Westin (1968, p. 7, tradução nossa) como "o direito de selecionar quais informações sobre mim são conhecidas por quais pessoas".

A privacidade na internet das coisas é garantia para:

- consciência dos riscos à privacidade impostos por coisas e serviços inteligentes em torno do titular dos dados;
- controle individual sobre a coleta e processamento informações pessoais pelos arredores das coisas inteligentes;
- conscientização e controle do uso subsequente e disseminação de informações pessoais para qualquer entidade fora do assunto pessoal da esfera de controle.

capítulo 6

A noção de informações pessoais é necessariamente confusa, já que privacidade é um conceito profundamente social e sujeito a uma percepção individual muito variada. Portanto, é preciso tomar cuidado quando projetar novos sistemas e serviços para avaliar cuidadosamente a sensibilidade da informação envolvida do usuário; por exemplo, as empresas estão começando a implementar nas PIAs (análises de impacto de privacidade).

Serviços de *host* de *back-end* coletam, combinam e analisam dados de muitas coisas inteligentes para oferecer um valor agregado ao serviço do usuário final. Os seres humanos têm dois diferentes papéis em nosso modelo de referência. Eles podem estar sujeitos à coleta de dados pelas coisas inteligentes ao seu redor ou podem ser destinatários de dados ou serviços. Observe que uma pessoa pode ser sujeito e destinatário ao mesmo tempo. Finalmente, coisas inteligentes são conectadas aos serviços mediante uma infraestrutura com diferentes características que variam de redes com perdas de baixa potência a *backbones* poderosos da internet, possivelmente atravessando diferentes *gateways* e servidores intermediários, por exemplo *firewalls* e pontes de protocolo.

6.5.4.1 Legislação de privacidade

A legislação de privacidade tenta traçar limites para os cada vez mais numerosos modelos de negócios famintos por dados de muitas empresas da internet (por exemplo, mercados de dados, redes de publicidade, comércio eletrônico, sites) e definir práticas e processos obrigatórios para proteção da privacidade.

A primeira grande parte da legislação sobre privacidade da informação foi aprovada com a Lei de Privacidade dos Estados Unidos de 1974, que estabeleceu as práticas justas de informação, as quais compreendem os princípios de notificação, consentimento, acesso e controle, minimização de dados, uso intencional, segurança e responsabilidade adequadas.

No segundo semestre de 2018, surgiu, em nosso país, uma nova lei regulamentadora, com a qual empresas públicas e privadas deveriam estar de acordo até fevereiro de 2020 – a Lei Geral de Proteção de Dados (LGPD) (Sander, 2019, p. 49) – com vistas a proteger os dados pessoais e sigilosos dos "usuários em relação às empresas que mantiverem estes dados". Nesse contexto, a IoT poderá permitir a identificação do usuário para controle de acesso, disponibilizando infraestrutura básica com o propósito de vincular esses dados com a identidade dos usuários. Apesar de a LGPD oferecer orientações essenciais para que haja a regulamentação dos serviços, é preciso haver equilíbrio entre o tratamento dos dados dos usuários e os direitos de privacidade nesses dispositivos para não inviabilizar o uso destes, tarefa que se mostra complexa (Oliveira; Gomes; Lopes, 2019).

Nesse contexto, Oliveira, Gomes e Lopes (2019, p. 49) afirmam:

> De acordo com a LGPD todo usuário tem direito a privacidade e a proteção o dos dados pessoais diante de empresas público/privadas juridicamente constituídas, no entanto este texto desafia a IoT em nichos como por exemplo a automação residencial, onde dispositivos estariam coletando uma gama de informações pessoais, aplicando algoritmos de inteligência artificial e ainda cruzando estas informações através de Machine Learning (ML) afim de gerar estatísticas para detectar padrões e comportamentos. Tais características compõem os principais objetivos de IoT no nicho de automação residencial, sendo os principais desafios; especificar métodos para coleta da autorização de uso dos dados do usuário pela empresa, padrões seguros para transmissão destes dados, modelos para promover o armazenamento seguro destas informações além de procedimentos para apagar todos os dados do usuário quando findado o relacionamento entre o mesmo e a empresa que coletou seus dados.

Apesar de o Brasil dispor de mais de 40 normas que, direta e indiretamente, tratam da proteção à privacidade e aos dados pessoais, a LGPD propiciou um novo modelo de regras para a utilização de dados pessoais *on-line* e *off-line*, tanto nos setores públicos quanto nos privados.

6.5.4.2 O dilema de Multivac

Telles (2018b) explica o Multivac como uma inteligência artificial (IA) fictícia que foi imaginada pelo escritor Isaac Asimov e está presente

capítulo 6

em diversas das histórias e contos do autor. Trata-se de um computador que apresenta um conceito semelhante ao do *big data*. Nas histórias de Asimov,

> *Multivac é uma inteligência que coleta de maneira incessante todos os possíveis dados a respeito de cada um dos membros da sociedade. Com informações sobre tudo e todos a todo momento, Multivac leva a humanidade até um ponto de evolução no qual não é praticamente necessário assumir qualquer risco – todos os problemas e preocupações são tratados e antecipados pela inteligência artificial, que cria maneiras de contorná-los antes mesmo que possam ocorrer[*].*
>
> *Sem riscos, mas também sem privacidade, a humanidade torna-se vítima de seus próprios pensamentos, e transfere, de certo modo, seu próprio futuro às máquinas. Na visão crítica de Asimov, a inteligência artificial de Multivac evolui até o ponto de sentir-se cansada ou extenuada pelo universo de problemas com o qual precisa lidar, desejando sua própria extinção. Ou, em outro dos contos do autor, até o momento no qual a própria humanidade é apenas um consciente coletivo, que termina por fundir-se ao próprio consciente representado pela máquina, para assim dar origem a uma nova criação.* (Telles, 2018b, p. 77-78)

Deixando de lado a ficção e, até mesmo, o romantismo em alguns casos, esse computador idealizado por Asimov chama a atenção para realidades em que a privacidade é deixada de lado em detrimento da segurança.

É possível que exista algum momento em que o desejo pela manutenção da privacidade possa vir a impedir que a humanidade faça uso da informação para reduzir ainda mais sua exposição a riscos e incertezas. Pode ser, porém, que a IA possa evoluir a um ponto em que a existência humana venha a ser algo previsível e calculado, podendo até representar uma conquista social, embora, do ponto de vista do sujeito, possa ser encarada mais como uma perda (Telles, 2018b).

---

[*] Isaac Asimov, *Nove amanhãs*, 1959.

6.6 Era da imaginação: formação de pessoas

De acordo com Telles (2018b), a criatividade começou a ser valorizada como ideia ainda cedo, embora sua ascensão como característica profissional tenha começado entre as décadas de 1960 e 1970, com as profissões intituladas *criativas*.

Demandar-nos-ia um bom tempo dissertar a respeito de como as vanguardas europeias, as tendências da arquitetura e do *design* e mesmo as artes visuais foram evoluindo durante o século XX, valorizando a criatividade.

Embora não estejamos falando de arte propriamente, caminhamos para uma nova era na qual a informação passa a ser apenas o recurso necessário para que as novas ideias e concepções sejam geradas, podendo ocorrer no poder de associação e criação da mente humana.

Bem proximamente, a inteligência artificial (IA) poderá tomar grande parte das funções e rotinas que se relacionam com a atividade intelectual mas que, de alguma maneira,

> *apresentam uma mecânica de coleta de dados, processamento repetitivo ou obediência a regras e protocolos.*
>
> *Efetuar cálculos, escrever memorandos, redigir notícias e relatórios... até que ponto realmente precisaremos da mão de obra e da mente humana para desempenhar tais tarefas?*
>
> *A criatividade, as novas ideias e concepções e [...] a mentalidade "smart" serão os verdadeiros motores da economia. Um novo olhar sobre problemas corriqueiros será não mais o início, mas talvez a entrega em um trabalho de consultoria. Selecionar cores e formas geométricas para uma nova loja talvez venha a ser um trabalho cujo valor poderá superar todo o restante da obra e projeto.*
>
> *Alguns estudiosos e também analistas de tendências já têm até mesmo um nome para essa nova era que começa a ser desenhada: a Era da Imaginação. A primeira menção a essa era ocorreu ainda em 1993, em um simpósio.*

> *Charlie Magee discutiu, mais de 20 anos atrás, o primeiro grande indício de que nossa tentativa de "lidar" com a Era da Informação estava criando um ponto cego em nossa sociedade. A aceleração do processo de transição entre as eras da evolução da sociedade criava um novo ponto de ruptura, não para daqui cem ou duzentos anos, mas em 25 ou 30 anos. Bem, Magee se referiu a esse fato em 1993... o que nos deixa, no máximo, com 5 ou 6 anos até a próxima grande transição.* (Telles, 2018b, p. 79-80)

6.6.1 Informação, comunicação e civilização

Para entender como uma nova era é desenhada e assume o controle da economia, da sociedade e mesmo da política, é preciso perceber como o conceito de comunicação está intimamente ligado à evolução humana.

As passagens da sociedade para novos níveis tecnológicos, as ditas "eras", sempre tiveram relação com a sofisticação das formas de comunicação entre seres humanos. A Revolução Neolítica, ou Revolução Agrícola, foi o evento que criou a possibilidade de fixação para a humanidade.

Mais de 12 mil anos atrás, a era agrícola começava, mas apenas por volta de 7 ou 8 mil anos atrás é que surgiriam de fato as primeiras cidades e comunidades organizadas. Nada coincidentemente: na mesma época, há os primeiros exemplos de evolução da comunicação gráficas das gravuras e dos desenhos para sistemas pictográficos que constituíam, indubitavelmente, traços de escrita.

Os primeiros exemplos de peças com inscrições datam de 5500 a.C. a 5300 a.C., tanto na região da Grécia quanto na atual Romênia. A escrita possibilitou a comunicação através de gerações e permitiu que documentos, tratados e acordos fossem formalizados – regras de convivência e vida em sociedade. A escrita deu origem a códigos de conduta e leis, milênios antes de Cristo, na Mesopotâmia e depois em todo o mundo. Direitos de propriedade, sucessão, contratos de casamento, compra e venda, governos e governantes – a escrita criou espaço para a organização e, consequentemente, para a aglomeração de tribos e aldeias em vilas, cidades, estados e, posteriormente, vastos impérios.

Do mesmo modo, a descoberta da imprensa, o Renascimento e as Grandes Navegações deram posterior origem a novas e mais modernas formas de comunicação, que abriram caminho para a Revolução Industrial e deram as bases do comércio exterior como o conhecemos. O próprio capitalismo, e mesmo o comunismo, surgiram e proliferaram graças à comunicação escrita em massa, ao advento do rádio e do telégrafo e, já no século XX, ao cinema e à televisão.

Com o avanço das técnicas de comunicação, a produção de bens ampliou-se e ganhou um mercado mundial e globalizado. Contudo, apenas uma coisa cresceu em ritmo mais acelerado do que a indústria ou mesmo a população mundial: a informação.

A era da informação é uma consequência óbvia do amadurecimento da própria comunicação humana. Desde a Antiguidade, a manutenção e o armazenamento da informação eram de suma importância para o próprio processo evolutivo de uma sociedade. Civilizações que obtiveram maior sucesso em registrar e propagar suas informações, como egípcios, gregos e romanos, influenciaram toda a sociedade ocidental que seguiria à sua própria era. Exemplos como o Renascimento europeu demonstraram claramente como nossa própria cultura contemporânea dependeu crucialmente da eficiência com que gregos e romanos armazenaram a informação.

Com o advento dos computadores e, em seguida, da internet, a informação tornou-se algo a ser usufruído não por gerações vindouras, mas pela própria geração que a produzia. E, se a informação é um instrumento essencial para a própria evolução e para o avanço da sociedade, novos saltos evolutivos passaram a ocorrer em um espaço menor do que o de uma única geração. Quando consideramos as "suberas" de evolução humana ocorridas apenas durante a vida de nossos avós, nascidos após a Segunda Guerra Mundial, essa lógica torna-se evidente:

- a era espacial;
- a era atômica;

capítulo 6

- a era da aviação;
- a era dos computadores;
- a era da internet.

A tecnologia e a inovação tornaram-se consequências diretas do próprio volume e da qualidade da informação. Essa relação criou valor: marcas, patentes, invenções e mesmo ideias passaram a movimentar a economia – contudo, com a recente propagação da inteligência artificial e do *machine learning*, até mesmo tal informação torna-se, cada vez mais, um bem *commodity*. A maioria das ações que tomamos deixa vestígios digitais: cada compra, cada *like*, cada comentário ou busca são insumos para os algoritmos. Com base nos dados coletados e analisados por algoritmos, plataformas digitais buscam entender o comportamento dos usuários, como hábitos, preferências e desejos.

6.6.2 O fim da valoração quantitativa

De acordo com Telles (2018b), os bens industriais passaram por um processo de commoditização na era da informação. Nesse novo contexto, passou-se a valorizar questões como *design* e estilo, características que passaram a agregar valor, visto que os produtos em si, antes mais exclusivos ou vistos como luxuosos, tornaram-se padrões.

Esse processo de comoditização não se limitou ao universo dos produtos físicos, uma vez que mesmo os serviços e produtos digitais acabam tornando-se itens com valores praticamente padronizados. Por isso, quesitos como *design* e conforto podem gerar ou adicionar valor aos itens produzidos (Telles, 2018b).

Os celulares, por exemplo, podem apresentar preços diferentes. Em um mesmo lugar do mundo, podemos encontrar tanto celulares que custam 10 dólares quanto aqueles que custam milhares de dólares, mesmo que sejam produtos similares, com as mesmas funções, o mesmo tamanho e, algumas vezes, sejam produzidos até pelo mesmo fabricante (Telles, 2018b). Isso ocorre porque, nesses produtos, há um valor subjetivo, imensurável, como a marca e o estilo.

Quando o assunto é a Era da Imaginação, de acordo com seus postuladores, ela é tida como o período durante o qual a informação perde seus atributos qualitativos originais, transformando-se em mais uma *commodity*, tendo como consequência específica desse processo ser um novo paradigma da criação de valor, em que este só existe quando nossa óptica é capaz de apreendê-lo (Telles, 2018b).

No fenômeno mais básico da física quântica, tudo e nada têm imenso valor, dependendo apenas de quem é o observador, da época e da forma como ele está observando (Telles, 2018b). Ainda de acordo com o autor, se abordarmos esse conceito, economicamente, pode parecer etéreo demais. Entretanto, ao verificarmos alguns exemplos simples que encontramos em nossa sociedade atual, essa ideia passa a fazer sentido. O próprio conceito *smart*, já analisado anteriormente, tem a ver com a capacidade de observar determinada informação ou conceito sob a visão particular de dado grupo (Telles, 2018b).

Já podemos verificar que se iniciou o fim da Era da Informação, pois a informação aparenta tornar-se algo que o inglês situa como *"commons"*. Apesar de, em seu conceito inicial, um *commons* poder ser interpretado como algo comum a todos, dentro da própria concepção, ele nos remete imediatamente a algo gratuito. Lembre-se de que não estamos falando de algo "sem valor", mas sim de um direito e um pressuposto (Telles, 2018b).

Com o advento da internet, foi possível vislumbrar um nível de democratização da informação nunca visto pela humanidade. Enormes volumes armazenados e encontrados em estantes de bibliotecas, ou mesmo vendidos a preço de ouro em livrarias, encontram-se atualmente à disposição de quem necessitar, de maneira estruturada, mais categorizada e acessível. Além disso, todas as informações contidas atualmente custam o mesmo para qualquer um, sendo, em alguns casos, gratuitas.

De acordo com Telles (2018b), os veículos de mídia parecem não ter entendido ainda que a mudança ocorrida com relação à informação não foi a perda de seu valor cultural ou social, mas apenas a perda de ser valor monetário. Trata-se de algo natural quando algo se torna completamente acessível, a exemplo das obras literárias que já estão em domínio público, das teorias matemáticas e até mesmo dos espaços públicos, como praias e parques. Elucida o autor que não se pagam *royalties* toda vez que se precisa utilizar uma fórmula de Einstein ou encenar uma peça de Shakespeare, por exemplo.

A democratização do acesso tornou-se o caminho natural da informação. Há poucos anos, esse caminho era percorrido ao longo de décadas ou mesmo séculos. Com o volume de informação que acaba sendo gerado a cada dia, esse período de democratização começou a acontecer de modo cada vez mais célere.

Diante desse cenário, o valor econômico percebido poderá vir a deixar de existir no contexto da informação meramente produzida ou angariada, uma vez que a interpretação, o uso ou a extrapolação dela são quem passará a assumir valor.

De acordo com Telles (2018b), o futuro está voltado à reflexão sobre o uso da informação. Afinal, atualmente, a criação de valor monetário está vinculada às decisões que tomamos com relação ao uso de determinada informação. Nesse novo contexto, apenas saber algo não agrega valor, é preciso saber utilizar os dados e as informações disponíveis para algum propósito – por exemplo, a resolução de algum problema.

6.6.3 Democratização e acesso

Praticamente todas as constituições dos países democráticos do mundo fazem menções ao direto à informação. A Era da Informação, contudo, baseia sua própria economia na comercialização e na transação da informação como bem mais valioso.

Nos edifícios gigantes de Wall Street ou nos centros financeiros das capitais asiáticas e europeias, ao menos nos últimos 30 anos, a informação tem sido o motor que tornou possível a criação de imensos impérios, praticamente com base em papéis apenas.

Entretanto, a internet e o fluxo de informações em tempo real, além do recrudescimento e do maior rigor das regulamentações dos bancos centrais de todo mundo com relação aos abusos do tráfico de informação e do uso privilegiado de dados, tornaram a informação, mesmo no contexto empresarial, algo mais democrático.

No futuro, toda informação estará sempre, a cada momento, à disposição de todos. A vantagem e o pulo do gato não mais estarão na velocidade – tudo parece estar se tornando instantâneo.

Nesse contexto, no qual a informação é um bem disponível, democrático e igualitário, como o capitalismo e a própria economia podem criar diferenciais e vantagens? Quando lembramos do conceito de Era da Imaginação, o processamento e, mais importante, a interpretação dada a esse sem fim de informações são dados e a única fonte de diferenciação e, por que não, de criação de valor.

Não é, pois, possível lidar com a informação do mesmo modo pelo qual lidávamos com o petróleo, o minério de ferro ou mesmo com alimentos. Cobrar cada vez mais por algo que, a cada dia, é ainda menos escasso, contradiz os próprios princípios da economia.

A percepção de valor é cada vez menor – isso não tem a ver com a importância da informação, no entanto. Contudo, com o maior volume de dados e informações, sua interpretação ou abstração é algo que se torna concorrentemente mais complexo.

Nos próximos anos, o *big data* vai evoluir. O que já nos parece infinito, então, vai multiplicar-se de modo exponencial e incontrolável. Geraremos dados com base em absolutamente todo evento que possa ser concebido pelo homem (e mesmo alguns que não podem ser concebidos) e nos encontraremos imersos e, por vezes, soterrados por uma inundação de recursos.

A perda de valor da informação como bem e sua comoditização colocam a sociedade diante de novas problemáticas e validam a importância das novas ferramentas que poderão nos ajudar a lidar com um mundo no qual teremos de optar pela informação que devemos acessar e consumir. Nessa nova cruzada, quatro ferramentas parecem desde já fundamentais:

1. a inteligência artificial;
2. a ascensão das profissões e carreiras criativas;
3. a educação digital e mais flexível;
4. as tecnologias de validação e autenticação, como o *blockchain*.

6.6.4 Revolução das APIs

O futuro tem a ver com informação e imaginação e tudo isso, por sua vez, tem a ver com dados. A internet evoluiu para um sistema no qual dados e informações são coletados e requisitados ao mesmo tempo. Para lidar com requisições de inserção e solicitação simultâneas, criou-se uma ferramenta que revolucionou o modo com que nossa própria interação com a internet ocorre: a API de dados.

O termo *API* vem do inglês *application programming interface*, ou uma interface para programação de aplicações, e é um conjunto de rotinas e padrões estabelecidos por um *software* para a utilização de suas funcionalidades por aplicativos que não pretendem envolver-se em detalhes da implementação do *software*, mas apenas usar seus serviços.

Qual é a utilidade disso? Em suma, significa que, para criar um aplicativo, um serviço *on-line* ou mesmo montar um *website* com consulta e gravação de dados e informações, não é preciso desenvolver um banco de dados nem um sistema do zero – basta efetuar trocas de dados com uma API já existente.

As API tornaram o desenvolvimento de novas aplicações algo possível, em alguns casos, em questão de horas. Recentemente, grandes empresas e até mesmo governos passaram a dispor de dados em forma de APIs, o que permite que o próprio público desenvolva, com facilidade, aplicativos e ferramentas que tornam os serviços existentes melhores.

Embora à primeira vista isso pareça apenas uma boa notícia para quem de fato vive de programação, a verdade é que a maior parte dos serviços e das utilidades que temos hoje em nossa vida (e carregamos em nossos bolsos, no celular) somente são rápidos, eficientes e baratos porque utilizam APIs para transitar informações. Elas estão em todos os lugares:

- A API dos Correios viabiliza que você compre algo em uma loja *on-line* e pague pelo frete, recebendo produtos em casa.
- A API do Uber possibilita que você localize motoristas mais próximos, chame-os e pague depois pela corrida.

As várias APIs do LinkedIn permitem que você receba apenas vagas de emprego que estejam de acordo com seu perfil, ao mesmo tempo que propiciam às empresas apenas encaminhá-las para profissionais que preencham determinados requisitos.

Todas as redes sociais têm diversas APIs, a maioria das quais é livre e mesmo gratuita. Com essas APIs, milhares de usuários e empresas são capazes de criar aplicações específicas, tratar e processar dados ali encontrados e, até mesmo, interagir com as redes sociais originais, criando postagens, publicando conteúdo e alterando perfis.

As APIs são um aspecto importante da consolidação da Era da Informação. Antes da internet e, principalmente, antes da lógica das APIs e do *big data*, a informação corria, geralmente, em um sentido único: um emissor, em regra detentor de certo monopólio sobre a informação como um todo, divulgava e recolhia informações de todos. As APIs tornaram a informação um objeto que corre em dois sentidos de maneira simultânea e, além disso, em todas as direções – todos podem comunicar-se com todos e interagir com os dados de todos, sem que haja prejuízos para os demais. A lógica das APIs é um processo irreversível e fundamental na democratização não somente da comunicação e da informação, mas também dos serviços.

6.6.5 Revolução da análise preditiva

Prever o futuro é um ensejo da humanidade desde os primórdios da existência. A grande verdade é que, afora as charlatanices mil, civilizações e culturas aprimoraram seus métodos de efetuar previsões e projeções ao longo de toda a história.

Tenham sido chamadas de *pensamento filosófico* ou simplesmente de *magia*, a verdade é que muitas das práticas de análise futura, mesmo milênios atrás, contavam com um grau de confiabilidade surpreendente.

capítulo 6

Algumas culturas usavam vegetais e frutos para fazer previsões, outras entranhas de animais. "Magos" do passado avaliavam o voo dos pássaros, a vegetação, a terra e as águas... Embora tudo isso pareça um sortilégio para gente ignorante, o fato é que muitos dos místicos do passado tinham uma boa margem de acerto.

A razão para o sucesso deles era muito simples – a qualidade da informação. Sim, ventos e frentes frias podiam ser previstos com algum acerto com base no voo e nas migrações dos pássaros. Marés podiam ser previstas com uma leitura de padrões na alimentação dos peixes, daí a razão do uso de entranhas de animais. Frutas e vegetais mostravam, em seu próprio desenvolvimento, características que refletiam o clima.

Em meio a sortilégios e adivinhações, o homem sempre teve como base algum tipo de informação para efetuar suas previsões.

A Idade Contemporânea trouxe um olhar mais científico sobre o uso da informação para criar modelos e previsões, ainda que místicos mantenham sua dose de sucesso, assim como os charlatães.

E, se a informação é a grande matéria-prima que permitiu que modelos se tornassem mais sofisticados, é natural que, na Era da Informação, esse processo tenha ganhado destaque e acelerado seu desenvolvimento.

E, assim como magos e feiticeiros da Antiguidade usavam seu conhecimento sobre padrões para efetuar suas previsões, o homem moderno lançou mão de sua ciência para interpretar de maneira correta os padrões que a informação é capaz de mostrar.

Contudo, um próximo passo foi dado. Com a velocidade e a eficiência de nossos computadores atuais e o fluxo quase infinito a olhos humanos de informações e dados, pessoas não mais seriam capazes de lidar com essa busca por padrões de modo prático. Nosso conhecimento em matemática e o poder de processamento dos computadores permitiu que desenvolvêssemos algoritmos capazes de detectar e categorizar esses padrões em volume monstruoso, produzindo tendências que, após análise e estudo, levam a previsões.

A chamada *análise preditiva*, popular em nossos dias, é uma função matemática capaz de aprender e interpretar esse grande volume de dados, agrupando-os e criando respostas e apontando direções.

O professor emérito Thomas H. Davenport, da Babson College, considera que a análise preditiva como a conhecemos já cumpre, ao todo, três períodos distintos de evolução (Davenport, 2013).

O *business intelligence*, do qual ainda se fala hoje como algo inovador, constitui, na realidade, o primeiro estágio evolucionário da análise preditiva.

No Analytics 1.0, Davenport (2013) considera que houve, pela primeira vez, o registro, o agrupamento e a análise de informações e dados sobre processos de produção, vendas, interações com clientes, fornecedores e outros aspectos do negócio como um todo.

O ingresso dos computadores e sistemas da informação na vida das empresas foi, pois, algo crucial para o avanço desse primeiro estágio da análise preditiva. Contudo, foi também uma consequência da necessidade das empresas de interpretar esses dados.

6.6.5.1 O jogo da imitação

Àqueles que levam em conta a análise preditiva como algo recente, lembramos de uma época na qual os primeiros computadores não existiam. O "Eniac" é considerado, em tecnologia da informação, o primeiro computador digital eletrônico, tendo sido colocado em operação em 1946.

O filme *O jogo da imitação* conta a história do matemático Alan Turing, que, durante a Segunda Guerra Mundial (1939-1945), utilizou um sistema mecânico cujos operadores lógicos decifravam mensagens alemãs criptografadas. No entanto, a falta de acesso a computadores e o fato de as máquinas alemãs mudarem sua matriz de criptografia diariamente levavam ao impasse da falta de tempo hábil para decodificar as mensagens a tempo, de modo que, ao final de 24 horas, todo o trabalho realizado se tornava inútil.

Ainda assim, o sistema eletromecânico criado por Turing permitiu processar grandes quantidades de dados rapidamente, e as mensagens acabaram sendo decodificadas. Conforme esclarece Telles (2018b, p. 92), "A aplicação militar do aparato disfarça outras possibilidades, entre elas a análise preditiva. Grande parte dos modelos matemáticos e algoritmos hoje utilizados por computadores para

capítulo 6

prever resultados e efetuar projeções são, na verdade, até rudimentares sob a óptica da matemática avançada".

Esse exemplo, o de Turing, ilustra perfeitamente a ciência da análise preditiva antes e depois da internet e do *big data*. Se fizermos comparações com o período de 10 ou 15 anos atrás, verificamos um salto quantitativo da análise de dados atual analogicamente ao salto dado por pioneiros como Turing e os que desenvolveram os primeiros computadores do mundo.

O *business intelligence* não é algo novo como muitos supõem. Se fizermos um estudo na história da informatização, especialmente no mercado empresarial, podemos verificar que o uso de informações e de dados é realizado de modo cada vez mais frequente, em especial na tomada de decisões, tendo sido o principal responsável pelo impulso na utilização de sistemas tecnológicos em todas as áreas de negócio existentes. A busca constante no aumento da produtividade habilitou cada vez mais a necessidade de interpretação dos dados, efetuando projeções que, por sua vez, com o volume de dados sendo amplificado e a ser interpretados, obrigou o uso de computadores mais potentes e velozes.

Segundo Telles (2018b, p. 93),

> *As condições básicas do Analytics 1.0 predominaram por meio século", lembra Davenport. Mercados como o de derivativos financeiros, que despontou no começo da década de 1980, somente ganharam tração à medida que a análise preditiva se tornou essencial.*
>
> *A análise preditiva seguiria nesses moldes até meados dos anos 2000. O Big Data, embora ainda não tivesse esse nome cunhado, surgia como resultado de padrões completamente novos de utilização e acesso na web. O Analytics 2.0 não apenas deveria gerir um volume "maior" de dados – esses dados também eram de natureza completamente diferente.*
>
> *No business intelligence, empresas basicamente olhavam dentro de seus próprios processos e, quando muito, para relações deles com atores externos que interagiam com sua produção e comercialização. O Big Data abriu para essas empresas um universo de dados externo, informações completamente fora do escopo dos processos de uma empresa que poderiam influenciar, ainda que de maneira pontual, a forma com que os negócios fluem.*

Com isso, o pensamento *smart* passou a dominar a análise preditiva. Em um segundo estágio, a simples análise de dados não atendia às necessidades: era necessário saber quais dados deviam ser analisados e, aprendendo que as informações obtidas poderiam se inter-relacionar, e com isso criando apontamentos novos e até vindo a gerar tendências. Conforme ressalta Telles (2018b), antigamente, era inimaginável que especialistas em análise preditiva fossem capazes de estabelecer novas interações de dados. Foi assim que as análises feitas no Analytics 1.0 permitiram formas criativas e autênticas de estabelecer previsões e correlações no Analytics 2.0, como o impacto causado na saúde de determinada cidade em virtude das chuvas ocorridas em uma cidade vizinha (Telles, 2018b).

Parece que os *smart thinkers* não pararam no simples uso de algoritmos e computadores e redes cada vez mais potentes na análise e na categorização dos dados.

De acordo com Telles (2018b), o Analytics 3.0 trouxe uma nova perspectiva para a análise preditiva, impactando fortemente áreas nas quais seus antecessores não obtiveram sucesso. Nesse novo contexto, a análise preditiva não está focada apenas na estratégia de negócios, mas também para o atendimento ao cliente, ajudando-o no processo de tomada de decisão. Além disso, por considerar a visão do cliente, as previsões não estão mais focadas apenas em consumo, demanda e fornecimento, mas também para a parte de criação (inclusive de produtos personalizáveis) e previsão de demanda (Telles, 2018b). Essa nova maneira de analisar dados e informações permitiu, segundo Telles (2018b):

- fazer previsões de demanda;
- desenvolver estratégias de preços mais certeiras;
- prever a necessidade de manutenção ou substituição;
- abrir espaço para aplicativos de produtos que os próprios criadores não puderam imaginar;
- oferecer a possibilidade de substituição ou troca de fornecedores.

Sem entrar em peculiaridades técnicas e matemáticas, podemos afirmar que as análises para IoT são possíveis graças a uma colheita de dados sem precedentes. O famoso *big data*, de que tratamos em diversas ocasiões nesta obra, capta dados de modo individualizado de diversos meios, que vão desde recursos para organizar o trânsito até questões como fatores climáticos (Telles, 2018b). Assim, esse montante de informação faz uso de algoritmos que operam e retornam dados de enorme simplicidade, com base no todo.

Telles (2018b) afirma que a IoT conecta dispositivos (capazes de gerar dados) e seus respectivos sistemas mediante sensores, ao passo que o *big data* se ocupa em armazenar, analisar e utilizar os dados fornecidos, de modo a dar algum sentido a eles. O autor explica que a IoT é dividida em três segmentos: os dispositivos, suas respectivas redes (Wi-Fi, 4G e *bluetooth*) e o próprio *big data*, responsável pelo tratamento dos dados coletados.

Como sabemos, a IoT visa facilitar nosso cotidiano, aumentando a eficiência e a produtividade de empresas e funcionários. Podemos tomar decisões mais inteligentes com os dados coletados, embora também ocorram impactos nas expectativas de privacidade. Se os dados coletados pelos dispositivos estiverem comprometidos, haverá prejuízo na confiança que os usuários têm nas empresas que utilizam esses dados. Se usarmos uma estratégia correta para segurança, poderemos proteger os dados de uma empresa, mantendo a confiança dos clientes em sua marca e em seus produtos. Essas soluções de segurança, se forem bem empregadas para IoT, podem gerar excelentes resultados, auxiliando uma organização a ativar novos modelos de negócios, além de economizar nos custos.

6.7 O que o futuro da IoT nos reserva?

Discutir "o futuro" sempre foi uma prática na história da humanidade. Desde as civilizações antigas e mesmo antes da Revolução Agrícola, o homem busca no futuro respostas a respeito de como deve conduzir suas ações no presente.

Mesmo em meio à recente crise mundial causada pela pandemia do novo coronavírus, a internet das coisas está em franca ascensão. De acordo com o relatório da consultoria de análise de dados GlobalData, prevê-se que, no ano de 2023, "o mercado de IoT deve movimentar mais de 30 bilhões de dólares na América Latina" (Colavitti, 2020).

Quem desponta nesse cenário é o Brasil, sendo um dos países mais promissores para o segmento. Em um estudo, "Índice de Inteligência Empresarial 2019", realizado pela Zebra Technologies, mostrou que, no ano de 2019, o "investimento médio das companhias brasileiras em novas tecnologias, como internet das coisas e plataformas de dados, foi de 6,1 milhões de dólares, 45% mais do que em 2018. Por sua vez, o gasto médio global chegou a 6,4 milhões de dólares" (Colavitti, 2020).

Lobo (2020, grifo do original) apresenta algumas projeções globais de dispositivos e conexões para 2023:

- *Haverá 3,6 dispositivos/conexões em rede por pessoa, e quase 10 dispositivos e conexões por residência.*
- *Quase metade (47%) de todos os dispositivos e conexões suportarão vídeo.*
- *As conexões máquina a máquina (M2M) com suporte para uma ampla gama de aplicações de IoT representarão cerca de 50% (14,7 bilhões) do total mundial de dispositivos e conexões.*

Dados Brasil

- *3,5 dispositivos de rede per capita até 2023, acima dos 2,4 per capita em 2018.*
- *76% de todos os dispositivos em rede estarão no segmento de consumo até 2023, em comparação com 81% em 2018.*
- *24% de todos os dispositivos em rede estarão no segmento de negócios até 2023, contra 19% em 2018.*
- *No Brasil, os módulos M2M serão responsáveis por 45% (338,9 milhões) de todos os dispositivos em rede até 2023, em comparação com 27% (138,2 milhões) em 2018.*

capítulo 6

De acordo com o site TI Inside Online (2019), em um cenário em que o mercado de IoT, no Brasil, poderá quadruplicar de tamanho até 2023, os debates correntes são sobre "os inúmeros desafios a serem superados nos projetos de Internet das Coisas, como visão estratégica, adoção de diferentes tecnologias, implementação e operação, segurança, envolvimento de diferentes departamentos das organizações e fornecedores externos".

Complementando esses itens, se essas etapas e diversas outras que surgirão no decorrer dos projetos forem rompidas, será possível almejar resultados em atividades criativas e inovadoras que poderão ser utilizadas nos negócios em diversas verticais, como mobilidade urbana, saúde, comunicações, segurança, agronegócio, varejo, logística, mineração, entre outras. Ao entendermos a evolução e as tendências na IoT, seguiremos com o que se refere às decisões para o futuro do desenvolvimento das iniciativas que a viabilizarão (TI Inside, 2019).

Segundo a TI Inside Online (2019), para fortalecer esse entendimento, deve-se debater temas relevantes como "aumento da competitividade da economia, regulação setorial, produtividade e redução de custos, formação profissional, negócios inovadores, produtos e serviços com maior valor agregado".

Alguns dados disponibilizados no site da TI Inside Online (2019) retratam um cenário em que

> "Atualmente, a estimativa é a de que 8,4 bilhões de dispositivos estejam conectados em rede. A automação residencial é a parte mais visível da Internet das Coisas, a qual é também a base para as Cidades Inteligentes. Estudos internacionais estimam que o impacto de IoT na economia global será de 4% a 11% do PIB do planeta em 2025 (entre 3,9 e 11,1 trilhões de dólares). No Brasil, a área deve receber um investimento de 50 a 200 bilhões de dólares", aponta o líder do projeto de Cidades Inteligentes da Agência Brasileira de Desenvolvimento Industrial (ABDI), Tiago Faierstein. Ele também conta que "uma ação que já está ajudando a concretizar esta estimativa é o Living Lab montado pela ABDI, em parceria com o Parque Tecnológico Itaipu, em Foz do Iguaçu (PR). No local, seis tecnologias já estão sendo testadas em um ambiente real, onde circulam cerca de 9 mil pessoas por dia".

Como é possível perceber, embora existam inúmeros mercados promissores para uso de IoT, eles exigem, normalmente, soluções de ponta a ponta, ou seja, nas quais diversos atores devem ser envolvidos para que seja garantida sua viabilidade.

Nada mudou e tudo mudou – continuamos a encontrar motivação naquilo que servirá às gerações futuras, mas com uma única diferença: nossa imaginação, agora passível de concretização, pode fazer com que aquilo que, em um dia futuro, seria nosso legado tenha início agora mesmo.

Considerações finais

Ao chegarmos ao final desta obra, esperamos ter evidenciado os fundamentos de IoT, bem como os desafios inerentes à prática de gestão das novas demandas do setor. Destacamos, aqui, sobretudo a importância de uma gestão eficaz na utilização da IoT e as questões pertinentes ao seu uso.

Buscamos mostrar a relevância da compreensão sobre o que é o futuro das coisas, as estratégias utilizadas, bem como os emergentes mercados que nos são proporcionados, logicamente escorados em modelagem de negócios para auxiliar nessa empreitada.

Entre as ferramentas utilizadas, abordamos especificamente o Canvas, uma vez que ele é empregado em diversas áreas e reconhecido como um instrumento que traz muitos resultados benéficos. Também examinamos o uso e a análise de dados que podem auxiliar nas tomadas de decisões e na mineração de dados.

Para a criação de soluções IoT, também mostramos o papel da criatividade e da inovação, não sem antes entender um pouco da arquitetura do IoT, de seus sensores e de analisar a disponibilidade e interoperabilidade.

A ubiquidade fez parte de nossas discussões, principalmente quando abordamos questões relacionadas a redes móveis e ao modo pelo qual a IoT afeta a mobilidade. Temas envolvendo inteligência artificial e transmissão da informação fizeram parte de nossos estudos.

Um planeta mais inteligente, em que teremos *smart cities*, *smart homes*, entre outros, também fizeram parte de nosso conteúdo, ladeado de novos modais e escorado na Indústria 4.0, com a integração de máquinas, processos e pessoas.

Diante de toda essa transição de dados, sensíveis ou não, assuntos como o da segurança dos dispositivos e dos dados também fizeram parte de nossas discussões, ao final das quais foi possível vislumbrar brevemente o que o futuro da IoT nos reserva. Esperamos que você tenha aproveitado proficuamente o conteúdo desta obra.

Referências

ACADEMIA PEARSON. **Criatividade e inovação**. São Paulo, 2011.

ANDERSON, S.; ANDERSON, K. **As cartas de Bezos**: 14 princípios para crescer como a Amazon. Rio de Janeiro: Sextante, 2020.

AN ACS TECHNICAL WHITE PAPER. **Blockchain Challenges for Australia**. May 2019. Disponível em: <https://www.acs.org.au/content/dam/acs/acs-publications/ACS-Blockchain-Technical-Whitepaper-2019.pdf>. Acesso em: 30 jan. 2022.

APARECIDA, R.; GONÇALVES, R. Inovação aberta: procurando novas maneiras de inovar. In: CONGRESSO BRASILEIRO DE ENGENHARIA DE PRODUÇÃO, 4., 2014, Ponta Grassa (PR). Disponível em: <https://www.researchgate.net/publication/297760353_Inovacao_Aberta_procurando_novas_maneiras_de_inovar>. Acesso em: 30 jan. 2022.

AVILA, L. C. de et al. Aplicação de *blockchain* na internet das coisas : uma análise bibliométrica. In: SIMPOSIO DE PESQUISA OPERACIONAL E LOGÍSTICA DA MARINHA, 19., 2019, Rio de Janeiro. Disponível em: <https://www.marinha.mil.br/spolm/sites/www.marinha.mil.br.spolm/files/APLICAÇÃO DE BLOCKCHAIN NA INTERNET DAS COISAS–UMA ANÁLISE BIBLIOMÉTRICA.pdf>. Acesso em: 30 jan. 2022.

BALAGUER, A. Internet das coisas: das origens ao futuro. **Canaltech**, 27 out. 2014. Disponível em: <https://canaltech.com.br/internet/A-Internet-das-Coisas-das-origens-ao-futuro/>. Acesso em: 30 jan. 2022.

BLANK, S. G. **The four steps to the epiphany**. [S.l.]: Steven G. Blank, 2007. Disponível em: <https://web.stanford.edu/group/e145/cgi-bin/winter/drupal/upload/handouts/Four_Steps.pdf>. Acesso em: 30 jan. 2022.

BENCKE, L. R.; PEREZ, A. L. F.; ARMENDARIS, O. C. Rodovias inteligentes: uma visão geral sobre as tecnologias empregadas no Brasil e no mundo. **Isys: Revista Brasileira de Sistemas de Informação**, v. 10, n. 10, p. 80-102, 2017. Disponível em: <http://seer.unirio.br/index.php/isys/article/download/6609/6266%0A>. Acesso em: 30 jan. 2022.

BENICIO, M. **A virada digital**: *smart cities* e *smart grids* em uma perspectiva multidisciplinar. Rio de Janeiro: Interciência, 2018.

BENITES, A. J. **Análise das cidades inteligentes sob a perspectiva da sustentabilidade**: o caso do Centro de Operações do Rio de Janeiro. Dissertação (Mestrado em Política Científica e Tecnológica) – Universidade Estadual de Campinas, Campinas, 2016. Disponível em: <http://repositorio.unicamp.br/jspui/bitstream/REPOSIP/321541/1/Benites_AnaJane_M.pdf>. Acesso em: 30 jan. 2022.

BID – Banco Interamericano de Desenvolvimento. **Novo estudo do BID apresenta 50 exemplos de soluções inteligentes adotadas por cidades no Brasil e no mundo**. 2016. Disponível em: <https://www.iadb.org/pt/noticias/comunicados-de-imprensa/2016-08-01/50-solucoes-inteligentes-para-cidades%2C11529.html>. Acesso em: 30 jan. 2022.

BORBA, V. U. **Proposta de um modelo de referência para Internet das Coisas**: aspectos de segurança e privacidade na coleta de dados. Dissertação (Mestrado em Ciência da Informação) – Universidade Estadual Paulista "Júlio de Mesquita Filho", Marília, 2018.

BRASIL. Finep – Financiadora de Estudos e Projetos. **Kevin Ashton**: entrevista exclusiva com o criador do termo "internet das coisas". Rio de Janeiro, 13 jan. 2015. Disponível em: <http://finep.gov.br/noticias/todas-noticias/4446-kevin-ashton-entrevista-exclusiva-com-o-criador-do-termo-internet-das-coisas>. Acesso em: 30 jan. 2022.

CABRAL, D. A era da internet das coisas. **Deviante**, 24 out. 2019. Disponível em: <https://www.deviante.com.br/noticias/a-era-da-internet-das-coisas/>. Acesso em: 30 jan. 2022.

CARVALHO, J. B. de; MELO, J. C. F. de; BAGNO, R. B. Evolução das práticas de inovação aberta na indústria alimentícia: o caso de uma empresa brasileira. In: CONGRESSO BRASILEIRO DE INOVAÇÃO E GESTÃO DE DESENVOLVIMENTO DO PRODUTO, 11., 2017, São Paulo. Disponível em: <http://pdf.blucher.com.br.s3-sa-east-1.amazonaws.com/designproceedings/cbgdp2017/033.pdf>. Acesso em: 30 jan. 2022.

CHIANG, I. P.; LIN, C. Y.; HUANG, C. H. Measuring the Effects of Online-to-Offline Marketing. **Contemporary Management Research**, v. 14, n. 3, p. 167-189, 2018. Disponível em: <https://www.cmr-journal.org/article/view/18462/pdf>. Acesso em: 30 jan. 2022.

COELHO, D. F. B.; CRUZ, V. H. do N. **Edifícios inteligentes**: uma visão das tecnologias aplicadas. São Paulo: E. Blücher, 2017. Disponível em: <https://openaccess.blucher.com.br/download-pdf/327>. Acesso em: 30 jan. 2022.

COLAVITTI, F. Brasil desponta no mercado da internet das coisas. **VC S/A**, 3 set. 2020. Disponível em: <https://vocesa.abril.com.br/empreendedorismo/brasil-desponta-no-mercado-da-internet-das-coisas/>. Acesso em: 30 jan. 2022.

CONSTRUTECHS levam inovação e tecnologia a obras. **InfraFM**, 17 jan. 2019. Disponível em: <https://infrafm.com.br/Textos/18983/Construtechs-levam-inova%C3%A7%C3%A3o-e-tecnologia-a-obras>. Acesso em: 30 jan. 2022.

COR FIRMA sete parcerias sem custo ao município, nos 100 primeiros dias de governo. **1746 Rio**, 26 abr. 2021. Disponível em: <https://www.1746.rio/portal/noticia-detalhes?noticia=52466>. Acesso em: 30 jan. 2022.

CUNHA, M. A.; PRZEYBILOVICZ, E.; MACAYA, J. F. M. **Smart Cities**: transformação digital de cidades. 2016. Disponível em: <https://www.researchgate.net/publication/299569472_Smart_cities_transformacao_digital_de_cidades>. Acesso em: 30 jan. 2022.

CUNHA, W. S. da. Estudo da inteligência artificial aplicada em internet das coisas, voltada na automação. **Revista Científica Semana Acadêmica**, Fortaleza, n. 121, p. 1-29, 2018.

DAVENPORT, T. Analytics 3.0. **Harvard Business Review**, Dec. 2013. Disponível em: <https://hbr.org/2013/12/analytics-30>. Acesso em: 30 jan. 2022.

DAVENPORT, T. H.; PRUSAK, L. **Conhecimento empresarial**: como as organizações gerenciam o seu capital intelectual. Rio de Janeiro: Campus, 1998.

DAYCHOUM, M. **40+16 ferramentas e técnicas de gerenciamento**. 6. ed. Rio de Janeiro: Brasport, 2016.

DEVAN, A. **The 7 V's of Big Data**. 7 Apr. 2016. Disponível em: <https://impact.com/marketing-intelligence/7-vs-big-data/>. Acesso em: 30 jan. 2022.

DINO. Internet das coisas: o que o RH ganha com a tecnologia IoT? **Terra**, 5 ago. 2019. Disponível em: <https://www.terra.com.br/noticias/dino/internet-das-coisas-o-que-o-rh-ganha-com-a-tecnologia-iot,ba57d43c4bdce8f486270925f46b16ber6f736js.html>. Acesso em: 30 jan. 2022.

DRUCKER, P. **Melhores práticas**. São Paulo: Autêntica Business, 2017.

ERICSSON. **Ericsson Mobility Report**. November 2019. Disponível em: <https://www.ericsson.com/en/mobility-report>. Acesso em: 11 jun. 2020.

FERREIRA JÚNIOR, A. B.; AZEVEDO, N. Q. de. **Marketing digital**: uma análise do mercado digital. Curitiba: InterSaberes, 2015.

FREITAS, M. M. B. C. de; FRAGA, M. A. de F.; SOUZA, G. P. L. Logística 4.0: conceitos e aplicabilidade: uma pesquisa-ação em uma empresa de tecnologia para o mercado automobilístico. **Caderno PAIC**, v. 17, n. 1, p. 237-261, 2016. Disponível em: <https://cadernopaic.fae.emnuvens.com.br/cadernopaic/article/view/214>. Acesso em: 30 jan. 2022.

GARCIA, J. L. **Marketing de serviços e de varejo**. São Paulo: Pearson Education do Brasil, 2015.

GEUS, P. L. de; GRÉGIO, A.; MELO, B. "Coisinhas" da internet das coisas. **Revista da Sociedade Brasileira de Computação**, Porto Alegre 2015. Disponível em: <https://www.sbc.org.br/images/flippingbook/computacaobrasil/computa_29_pdf/comp_brasil_2015_4.pdf>. Acesso em: 30 jan. 2022.

GOGONI, R. O que é internet das coisas ? **Tecnoblog**, 2018. Disponível em: <https://tecnoblog.net/263907/o-que-e-internet-das-coisas/>. Acesso em: 30 jan. 2022.

GUIA DO BITCOIN. **O que são tokens ERC-20**. Disponível em: <https://guiadobitcoin.com.br/glossario/erc-20/>. Acesso em: 30 jan. 2022.

GUREVITCH, J.; SCHEINER, S. M.; FOX, G. A. **Ecologia vertical**. 2. ed. ed. Porto Alegre: Artmed, 2009.

HENRIQUE, C.; MELLO, P. **Inovação aberta**: procurando novas maneiras de inovar. [S.l: s.n.], 2016.

KAPLAN, S. **Modelos de negócios imbatíveis**. São Paulo: Saraiva, 2013.

KOLBE JÚNIOR, A. **Sistemas de segurança da informação na era do conhecimento**. Curitiba: InterSaberes, 2017.

KUMAR, H.; PIMPARKAR, P. Data Fusion for the Internet of Things. **International Journal of Scientific and Research Publications (IJSRP)**, v. 8, n. 3, p. 278-282, 2018. Disponível em: <http://www.ijsrp.org/research-paper-0318/ijsrp-p7541.pdf>. Acesso em: 30 jan. 2022.

LAUDON, K. C.; LAUDON, J. P. **Sistemas de informações gerenciais**. São Luís: Pearson, 2014.

LEITE, C. Inteligência territorial: cidades inteligentes com urbanidade. **Cadernos FGV Projetos**, p. 72-89, 2015. Disponível em: <https://conhecimento.fgv.br/sites/default/files/cadernos_fgvprojetos_smart_cities_bilingue-final-web.pdf>. Acesso em: 30 jan. 2022.

LIMA, T. **Criptmoedas de IoT**: Ambrosus. 2020a. Disponível em: <https://www.embarcados.com.br/criptomoedas-de-iot-ambrosus/>. Acesso em: 20 jul. 2020.

LIMA, T. **Criptomoedas de IoT**: Bottos. 2019a. Disponível em: <https://www.embarcados.com.br/criptomoedas-de-iot-bottos/>. Acesso em: 20 jul. 2020.

LIMA, T. **Criptomoedas de IoT**: IOTA. 2019b. Disponível em: <https://www.embarcados.com.br/criptomoedas-de-iot-iota/>. Acesso em: 20 jul. 2020.

LIMA, T. **Criptomoedas de IoT**: Modum. 2020b. Disponível em: <https://www.embarcados.com.br/criptomoedas-de-iot-modum/>. Acesso em: 20 jul. 2020.

LIMA, T. **Criptomoeda de IoT**: Wabi. 2020c. Disponível em: <https://www.embarcados.com.br/criptomoedas-de-iot-wabi/>. Acesso em: 20 jul. 2020.

LOBO, A. P. Brasileiro terá 3,5 dispositivos conectados em rede em 2023. **Abranet**, 19 fev. 2020. Disponível em: <http://www.abranet.org.br/Noticias/Brasileiro-tera-3,5-dispositivos-conectados-em-rede-em-2023-2761.html?UserActiveTemplate=site&UserActiveTemplate=mobile%252Csite#.X2jFkWhKjIU>. Acesso em: 30 jan. 2022.

LUNA, I. R. et al. Aceitação da tecnologia NFC para pagamentos móveis: uma perspectiva brasileira. **Revista Brasileira de Gestão de Negócios**, v. 19, n. 63, p. 82-103, 2017. Disponível em: <http://www.scielo.br/pdf/rbgn/v19n63/1806-4892-rbgn-19-63-00082.pdf>. Acesso em: 30 jan. 2022.

LYRA, J. G. **Blockchain e organizações descentralizadas**. Rio de Janeiro: Brasport, 2019.

MACÊDO, D. **O que é interoperabilidade?** 2018. Disponível em: <https://www.diegomacedo.com.br/o-que-e-interoperabilidade/>. Acesso em: 30 jan. 2022.

MACHADO, M. C.; SILVÉRIO, L. A. F. Arquitetura apoiada por internet das coisas e smart agriculture para gestão inteligente de pivô central de irrigação na agroindústria. **Journal of Chemical Information and Modeling**, v. 53, n. 9, p. 1.689-1.699, 2019. Disponível em: <http://conic-semesp.org.br/anais/files/2016/trabalho-1000022930.pdf>. Acesso em: 30 jan. 2022.

MAGRANI, E. **A internet das coisas**. Rio de Janeiro: FGV, 2018.

MARTINEZ, L. A. **Projeto de um sistema embarcado de predição de colisão a pedestres baseado em computação reconfigurável**. Dissertação (Mestrado em Ciências da Computação e Matemática Computacional) – Universidade de São Paulo, São Carlos, 2012. Disponível em: <https://teses.usp.br/teses/disponiveis/55/55134/tde-27022012-110356/publico/LeandroMartinez.pdf>. Acesso em: 30 jan. 2022.

MARTINS, F. de O. C.; ALMEIDA, M. F. L. de; CALILI, R. F. Design Thinking aplicado a projetos de casas inteligentes: modelo para geração e seleção de concepções baseadas em soluções tecnológicas inovadoras. In: CONGRESO LATINO-IBEROAMERICANO DE GESTIÓN TECNOLÓGICA, 17., 2017. Disponível em: <http://altec2017.org/pdfs/ALTEC_2017_paper_486.pdf>. Acesso em: 30 jan. 2022.

MARTINS, T. S.; GUINDANI, R. A. **Estratégia e competitividade**. Curitiba: InterSaberes, 2013.

MATSUBAYASHI, M. O. **Análise de viabilidade econômica para sistemas produto-serviço baseada em tecnologia de internet das coisas**. Trabalho de Conclusão de Curso (Graduação em Engenharia de Produção) – Universidade de São Paulo, São Paulo, 2016. Disponível em: <http://pro.poli.usp.br/wp-content/uploads/2016/12/TF-Mariana-Ogawa-Matsubayashi.pdf>. Acesso em: 30 jan. 2022.

MEDEIROS, F. S. B. et al. Internet of things: uma investigação do conhecimento científico em artigos acadêmicos na última década. **Journal of Chemical Information and Modeling**, v. 12, n. 7, p. 1652-1774, 2018. Disponível em: <https://periodicos.ufpel.edu.br/ojs2/index.php/AT/article/view/13134/9056>. Acesso em: 30 jan. 2022.

MICHAELIS. **Moderno Dicionário da Língua Portuguesa**. Rio de Janeiro: Melhoramentos, 2016.

MONZONI, M.; NICOLLETTI, M. Cidades inteligentes e mobilidade urbana. **FGV Projetos**, p. 91-107, 2015. Disponível em: <https://fgveurope.fgv.br/sites/fgveurope.fgv.br/files/Smart-Cities-and-Urban-Mobility.pdf>. Acesso em: 30 jan. 2022.

MOREIRA, A. R. da S. **Biossegurança e rastreabilidade de dispositivos médicos feitos por medida entre a clínica de medicina dentária e o laboratório de prótese**. Universidade Fernando Pessoa, Porto, 2014. Disponível em: <https://bdigital.ufp.pt/bitstream/10284/4377/1/PPG_21558.pdf>. Acesso em: 30 jan. 2022.

MOUSERELECTRONICS. Por que o sucesso da IoT depende da interoperabilidade? **Embarcados**, 2019. Disponível em: <https://www.embarcados.com.br/sucesso-da-iot-interoperabilidade/>. Acesso em: 30 jan. 2022.

MURAKAMI, E.; LOPES, G. M.; BAUER, L. F. **Aplicação de FMEA**: análise de modos de falhas e efeitos em uma linha de produção SMT de placa-mãe. Trabalho de Conclusão de Curso (Tecnologia em Automação Industrial) – Universidade Tecnológica Federal do Paraná, Curitiba, 2015.

NETRANET. **O que é um Endpoint e por que ele é importante para a sua empresa?** 2019. Disponível em: <https://netsuntecnologia.com.br/seguranca-porque-um-endpoint-de-seguranca-e-importante/>. Acesso em: 21 set. 2020.

NOBRE, L. Cidades inteligentes e mobilidade urbana: desafios e soluções para a mobilidade urbana. **FGV Projetos**, p. 198-215, 2015. Disponível em: <https://fgveurope.fgv.br/sites/fgveurope.fgv.br/files/Smart-Cities-and-Urban-Mobility.pdf>. Acesso em: 30 jan. 2022.

NOLÊTTO, A. P. R. **Internet of things em logística**: uma análise do uso de embalagem inteligente para distribuição de alimentos refrigerados. Tese (Doutorado em Engenharia Civil) – Universidade Estadual de Campinas, Campinas, 2018. Disponível em: <http://repositorio.unicamp.br/jspui/bitstream/REPOSIP/331856/1/Noletto_AnaPaulaReis_D.pdf>. Acesso em: 30 jan. 2022.

O QUE SÃO redes sociais? Saiba tudo sobre Instagram, Linkedin, Facebook e mais. Disponível em: <https://resultadosdigitais.com.br/especiais/tudo-sobre-redes-sociais/#>. Acesso em: 14 set. 2020.

OCAMPOS, T. Internet das coisas nas nuvens. **Revista da Sociedade Brasileira de Computação**, 2015. Disponível em: <https://www.sbc.org.br/images/flippingbook/computacaobrasil/computa_29_pdf/comp_brasil_2015_4.pdf>. Acesso em: 30 jan. 2022.

OHTA, R. L. et al. O conceito de Wearable Computing permite novas formas de interação entre humanos e computadores, através de um pequeno computador programável. **Revista da Sociedade Brasileira de Computação**, Porto Alegre, 2015. Disponível em: <https://www.sbc.org.br/images/flippingbook/computacaobrasil/computa_29_pdf/comp_brasil_2015_4.pdf>. Acesso em: 30 jan. 2022.

OLIVEIRA, B. (Org.). **Gestão de marketing**. São Paulo: Pearson Prentice Hall, 2012.

OLIVEIRA, M. **IOTA**: tudo sobre a moeda da Internet das Coisas. 2019. Disponível em: <https://blog.magnetis.com.br/iota/>. Acesso em: 20 jul. 2020.

OLIVEIRA, N. S. de; GOMES, M. A.; LOPES, R. Segurança da informação para internet das coisas (IoT): uma abordagem sobre a Lei Geral de Proteção de Dados (LGPD). **Revista Eletrônica de Iniciação Científica em Computação**, v. 17, n. 4, 2019.

PAES, W. de M. Interoperabilidade móvel: a internet das coisas. **Revista da Universidade Vale do Rio Verde**, p. 794-810, 2014.

PESSOA, C. R. M. et al. A internet das coisas: conceitos, aplicações, desafios e tendências. In: CONTECSI INTERNATIONAL CONFERENCE ON INFORMATION SYSTEMS AND TECHNOLOGY MANAGEMENT, 13., 2016. Disponível em: <https://www.researchgate.net/publication/305805347_INTERNET_OF_THINGS_CONCEPTS_APPLICATIONS_CHALLENGES_AND_TRENDS>. Acesso em: 30 jan. 2022.

PINHEIRO, E. M.; ARAÚJO FILHO, P. M. de; COELHO, G. T. F. **Engenharia 4.0:** a era da produção inteligente. São Luís: Pascal, 2020.

PIRES, P. F. et al. Plataformas para a internet das coisas. In: SIMPÓSIO BRASILEIRO DE REDES DE COMPUTADORES E SISTEMAS DISTRIBUÍDOS, 2015. Disponível em: <http://sbrc2015.ufes.br/wp-content/uploads/Ch3.pdf>. Acesso em: 30 jan. 2022.

PISA, P. O que é Hash? **Techtudo**, 10 jul. 2012. Disponível em: <https://www.techtudo.com.br/artigos/noticia/2012/07/o-que-e-hash.html>. Acesso em: 30 jan. 2022.

POETAS.IT. IoT: uma estratégia para o Brasil – consolidação de uma visão unificada para orientação e proposição de políticas públicas sobre internet das coisas no Brasil. v.1.o. 2016. Disponível em: <https://www.academia.edu/33534425/IoT_Uma_Estrat%C3%A9gia_para_o_Brasil>. Acesso em: 30 jan. 2022.

PORTO, F.; ZIVIANI, A.; OGASAWARA, E. Big Data: um novo desafio à nossa porta. **Computação Brasil: Revista da Sociedade Brasileira de Computação**, Porto Alegre, v. 4, 2015. Disponível em: <https://www.sbc.org.br/images/flippingbook/computacaobrasil/computa_29_pdf/comp_brasil_2015_4.pdf>. Acesso em: 30 jan. 2022.

RIES, E. **A startup enxuta**: como os empreendedores atuais utilizam a inovação contínua para criar empresas extremamente bem-sucedidas. São Paulo: Lua de Papel, 2012.

ROCHA, T. A. H. et al. Saúde móvel: novas perspectivas para a oferta de serviços em saúde. **Epidemiologia e Serviços de Saúde: Revista do Sistema Único de Saúde do Brasil**, v. 25, n. 1, p. 159-170, 2016.

RODRIGUES, M.; CUGNASCA, C. E.; QUEIROZ FILHO, A. P. de. **Rastreamento de veículos**. São Paulo: Oficina de textos, 2009.

SABO, I. C. et al. Internet das coisas (IoT), ambientes e cidades inteligentes: expectativas da sociedade e do direito. **Revista Democracia Digital e Governo Eletrônico**, Florianópolis, v. 1, n. 16, p. 14-29, 2017.

SABO, I. C.; ROVER, A. J. Internet das coisas (IOT) e direito: uma avaliação do plano de ação para o Brasil 2017/2022 sob a visão sistêmica. **Revista de Direito, Governança e Novas Tecnologias**, v. 5, n. 1, p. 1-22, 2019.

SACOMANO, J. B. **Indústria 4.0**: conceitos e fundamento. São Paulo: E. Blücher, 2018.

SANDER, G. **Principais conceitos da LGPD.** 2019. Disponível em: <https://sisqualis.com.br/conceitos-lgpd/>. Acesso em: 30 jan. 2022.

SANTOS, D. de O.; FREITAS, E. B. de. A internet das coisas e o big data inovando os negócios. **REFAS: Revista FATEC Zona Sul**, v. 3, n. 1, p. 4, 2016. Disponível em: <http://www.revistarefas.com.br/index.php/RevFATECZS/article/view/71/98>. Acesso em: 30 jan. 2022.

SANTOS, S. **Internet das coisas**: desvendando a internet das coisas. [S.l.]: SS Trader Editor, 2018.

SAS. **O que é big data?** 2016. Disponível em: <https://www.sas.com/pt_br/insights/big-data/what-is-big-data.html>. Acesso em: 21 set. 2020.

SELEME, R.; PAULA, A. de. **Projeto de produto**: planejamento, desenvolvimento e gestão. Curitiba: InterSaberes, 2013.

SILVA, D. G. da. **Indústria 4.0**: conceito, tendências e desafios. Trabalho de Conclusão de Curso (Tecnologia em Automação Industrial) – Universidade Tecnológica Federal do Paraná, Ponta Grossa, 2017.

SILVA, V. A. de O. **Uma metodologia para modelagem de ameaças em ambientes baseados na internet das coisas.** Monografia (Bacharelado em Ciência da Computação) – Universidade Federal Rural de Pernambuco, Recife, 2018. Disponível em: <http://www.bcc.ufrpe.br/sites/ww3.bcc.ufrpe.br/files/Victor.pdf>. Acesso em: 30 jan. 2022.

SITEWARE. **O que são equipes de alta performance, afinal?** 3 set. 2018. Disponível em: <https://www.siteware.com.br/gestao-de-equipe/o-que-sao-equipes-alta-performance/>. Acesso em: 30 jan. 2022.

SOARES, M. T. R. C. **Liderança e desenvolvimento de equipes.** São Paulo: Pearson Education do Brasil, 2015.

SOARES, V. **Servitização.** Disponível em: <http://www.engenhariah.com.br/servitizacao/>. Acesso em: 30 jan. 2022.

SOMANI, V. **Retail of the Future**: O2O or O&O? Massachusetts Institute of Technology, 2015. Disponível em: <https://dspace.mit.edu/bitstream/handle/1721.1/98992/921181181-MIT.pdf?sequence=1&isAllowed=y>. Acesso em: 30 jan. 2022.

SOUZA, A. M. da C. **Análise e reconhecimento de padrões e processamento com big data**. Tese (Doutorado em Ciências) – Universidade de São Paulo, São Paulo, 2015. Disponível em: <https://www.teses.usp.br/teses/disponiveis/3/3142/tde-20062016-105809/publico/AlbertoMessiasCostaSouza.pdf>. Acesso em: 30 jan. 2022.

TAURION, C. **Big data**. Rio de Janeiro: Brasport, 2013.

TAPSCOTT, D. **Blockchain revolution**: como a tecnologia por trás do Bitcoin está mudando o dinheiro, os negócios e o mundo. [S.l: s.n.], 2016.

TELEBRASIL. **Ecossistema de IoT no Brasil vai crescer 20% ao ano até 2022**. 2019. Disponível em: <http://www.agenciatelebrasil.org.br/Noticias/Ecossistema-de-IoT-no-Brasil-vai-crescer-20%25-ao-ano-ate-2022-240.html?UserActiveTemplate=site%2Cmobile%252Csite>. Acesso em: 29 set. 2020.

TELLES, A. **O futuro das coisas**. 11 abr. 2018a. Disponível em: <https://futuri9.com/2018/04/11/o-futuro-das-coisas/>. Acesso em: 30 jan. 2022.

TELLES, A. **O futuro é smart**: como as novas tecnologias estão redesenhando os negócios e o mundo em que vivemos. Curitiba: PUCPRESS, 2018b.

THOMAS, I. A economia de resultados na IoT. **GlobalSign**, 9 jan. 2017. Disponível em: <https://www.globalsign.com/pt-br/blog/a-economia-de-resultados-na-iot/>. Acesso em: 30 jan. 2022.

TI INSIDE ONLINE. **Mercado de internet das coisas no Brasil poderá quadruplicar de tamanho até 2023**. 5 jun. 2019. Disponível em: <https://tiinside.com.br/05/06/2019/mercado-de-internet-das-coisas-no-brasil-podera-quadruplicar-de-tamanho-ate-2023/>. Acesso em: 30 jan. 2022.

TURBAN, E. **Comércio eletrônico**: estratégia e gestão. São Paulo: Prentice Hall, 2004.

TZU, S. **A arte da guerra**. Rio de Janeiro: L&PM, 2000.

VERAS, M. **Computação em nuvem**. Rio de Janeiro: Brasport, 2015.

VIDAL, L.; LOMÔNACO, J. F. B. **Estilos e estratégias de aprendizagem**. São Paulo: Clube dos Autores, 2017.

WANDERLEY, A. R. M. C. **Um método baseado em personas e Hackathon para soluções tecnológicas no contexto de cidades inteligentes e sustentáveis.** Dissertação (Mestrado em Ciência da Computação) – Centro Universitário Campo Limpo Paulista, 2019. Disponível em: <http://www.cc.faccamp.br/Dissertacoes/AlexRodrigoMoisesCostaWanderley.pdf>. Acesso em: 30 jan. 2022.

WEISER, M. The Computer for the 21st Century. **Scientific American**, Sept. 1991. Disponível em: <https://www.lri.fr/~mbl/Stanford/CS477/papers/Weiser-SciAm.pdf>. Acesso em: 30 jan. 2022.

WESTIN, A. **Privacy and freedom**. Nova York: Atheneum, 1967.

YANG, H. **Campus Landscape Space Planning and Design Using QFD**. Dissertação (Mestrado em Landscape Architecture) – Virginia Polytechnic Institute and State University, Virginia, 2007.

Sobre os autores

André Telles é especialista em Governos Inteligentes e Inovação, pós-graduado em Administração pela FAE Business School e certificado em Technology Entrepreneurship: Lab to Market na Harvard University eUniversity of San Diego, Califórnia. Ministra cursos e palestras no Brasil e no exterior desde 2005. Participou de projetos relacionados a cidades inteligentes em parceria com a prefeitura de Barcelona e o governo da Catalunha. Atua em associações com relevante atividade, como vice-presidente do comitê de Smart Cities da Associação Brasileira de Internet das Coisas (ABINC) e diretor de inovação da Associação dos Dirigentes de Vendas e Marketing do Brasil – Seção Paraná (ADVB/PR). Também é autor de cinco livros publicados relacionados ao tema tecnologia e inovação. Trabalhou como Assessor de Gestão Inteligente e Inovação no Governo do Estado do Paraná e, atualmente, é Assessor de Inovação da Companhia Paranaense de Tecnologia (Celepar), primeira empresa pública de tecnologia do Brasil.

Armando Kolbe Junior é doutorando em Engenharia do Conhecimento pela Universidade Federal de Santa Catarina (UFSC), mestre em Tecnologias pelo Programa de Pós-Graduação em Tecnologia e Sociedade (PPGTE) da UTFPR (2016), pós-graduado em Formação de Docentes e Orientadores Acadêmicos em EAD pelo Centro Universitário Internacional da Uninter (2012) e graduado em Administração de Empresas com Habilitação em Análise de Sistemas pela Faculdade Internacional de Curitiba (2010). Atualmente, é coordenador do Curso de Gestão de *Startups* e Empreendedorismo Digital e professor do ensino superior do Centro Universitário Internacional

Uninter, onde trabalha nas modalidades presencial e EAD. É autor de diversos livros relacionados ao tema da tecnologia e inovação, segurança da informação, *big data* e gamificação. Tem experiência na área de programação, *design* gráfico e gerenciamento de equipes, atuando principalmente nos seguintes temas: tecnologia da informação, tecnologia educacional, sistemas tutoriais inteligentes, sistemas e segurança da informação gerencial, bancos de dados, análise de sistemas, processamento de imagens e computação gráfica.

Os papéis utilizados neste livro, certificados por instituições ambientais competentes, são recicláveis, provenientes de fontes renováveis e, portanto, um meio **respons**ável e natural de informação e conhecimento.

FSC
www.fsc.org
MISTO
Papel produzido a partir de fontes responsáveis
FSC® C103535

Impressão: Reproset
Junho/2022